ART THERAPY WITH
FAMILIES IN CRISIS

Overcoming Resistance Through Nonverbal Expression

위기 가족 미술치료

비언어적 표현으로 저항 극복하기

Debra Linesch 편저 | **이영옥 · 송민지** 공역

학지사

역자 서문

　우리가 느끼는 안전과 힘의 원천은 바로 가족으로부터 시작된다. 오늘날의 가족은 다양한 가족유형과 복합적인 가족문제를 나타내고 있으며, 무엇보다 위기 가족이 증가하고 있다.

　이와 같은 상황에서 그동안 늘 미술치료 분야 전반에서 자료가 부족하다는 걸 느껴왔는데, 특히 미술치료의 다른 영역보다는 가족 미술치료에서 더욱 그 필요성을 느끼게 되었다. 이 책을 처음 접했을 때, 사례를 통한 자료로써 가족 미술치료 시 미술치료사 또는 가족 미술치료사에게 도움이 될 것이라 생각해 번역을 하게 되었다.

　역자는 가족 미술치료에서 특히 가족치료의 이론을 기초로 할 것을 강조해 오고 있다. 『위기 가족 미술치료』는 위기에 처한 가족 사례들을 통하여 미술치료 과정에서 가족치료를 바탕으로 한, 특히 가족체계의 모형을 제시하여 각 가족 체계에서의 구성원 간의 상호연관성을 보여 주고 있다. 이러한 모형과 더불어 각 사례에서는 위기에 따른 개입방법을 일련의 질문 방식으로 다루고 있다.

이 책에서는 각 회기에 대한 주제와 돋보이는 진행을 주의해 볼 필요가 있으며, 회기에서의 주요 개입시기와 개입방법을 어떻게 다루고 있는지에 대한 임상 장면이 구체적으로 제시되어 있다. 또한 이 책은 위기 가족 미술치료의 이론과 실례를 체계적으로 다루어 미술치료 과정의 통합적인 측면을 제시하고 있어서 미술치료사뿐만 아니라 가족 미술치료사에게도 도움이 되리라고 본다.

'한부모 가족 미술치료'는 양육 부모에 대한 역할 권한 부여를 강조하고 부모화된 자녀의 희생양을 다루는 과정과 새롭게 재구조화해 가는 가족 체계의 확립 과정을 보여 준다. 이는 종종 가족 문제에서 볼 수 있는 사례이므로 임상에서 적용 가능할 것이다.

'알코올 중독자 가족 미술치료' 역시 붕괴된 가족 체계를 인식하고 각 부모 자신에 대한 통찰을 통하여 역기능적 가족 구조에서 기능적 가족 구조를 창조해 가는 과정을 보여 준다. 그 과정에서 가족 간의 결탁과 구성원 상호작용 과정을 통해 우리에게 주요한 자료의 토대를 제공할 것이다.

'성 학대와 가족 미술치료'는 성추행 아동과 그 부모 또는 보호자로 구성한 집단을 소개하면서 안전한 환경을 조성하여 일괄적인 미술치료 과정을 접할 수 있는 가족 미술치료 사례가 제시되어 있다. 또한 집단 구성원이 처해 있는 각 가정환경에 따른 치료 과정과 다양한 집단 구성원을 통한 임상 사례가 제시되어 있어 성 학대와 관련된 새로운 시점을 공유할 수 있을 것이다.

'정치적 난민 가족 미술치료'는 어쩔 수 없는 국가 및 사회적 변화로 인한 난민의 역경을 단계별 그리고 각 세대별로 발달에 적합한 방식으로 피난, 이주 그리고 재정착에 대한 이론과 임상에 접목하여 미술치료 과정에 적용한 것으로, 이것 또한 미술치료사에게 유용할 것이다.

이 책이 제공하는 다양한 위기에 처한 가족 미술치료의 사례들은
미술치료사, 가족치료사, 미술치료 관련 전공자에게 민족, 문화, 지
역을 벗어난 세대별 가족 미술치료를 공유해 준다. 또한 이 책이 이
러한 미술 과정과 창조 과정을 통하여 비언어적으로 저항을 극복하
여 가족 문제를 개선하고, 효과적인 가족 미술치료에 기여하는 데
자료로 이용되어 가족 미술치료에 도움이 되었으면 한다.

이 책이 나오기까지 도와주신 학지사 김진환 대표님과 관계자
분들 그리고 특히 수고해 주신 편집부 김현주 선생님께 진심으로
감사드린다.

역자 대표
이영옥

편저자 서문

    이 책은 미술을 창조하는 과정과 가족치료 경험 간의 잠재적으로 깊은 연관성을 다루고 있다. 이를 위해 창조적 과정과 특히 역기능적 가족의 필요성 간의 관계에 대한 세 가지 질문을 형성한다. 그것은 미술 과정을 가족에게 이용할 수 있게 만든 놀라운 기회로, 여기에서는 정의보다는 예시를 통해 설명하려고 한다.

    가족치료는 오늘날 혼란스러운 세계의 피해자 및 희생자들과 작업하는 중요한 요법이 되었다. 수년간 미술치료사(Kwiatkowska, 1978; Landgarten, 1987)는 미술 과정의 활용으로 증대 및 지원될 수 있는 가족치료의 특별한 접근법에 대해 집필하였다. 이 책의 취지는 한 걸음 더 나아가, 치료 개입의 일부가 되면서 미술 경험과 치료 과정 간 관계의 본질에 초점을 맞추는 것이다.

    이 책의 첫 장은 심리치료로써 가족 체계와 창조 과정에 대해 간략하게 탐구하는 것으로 시작된다. 이러한 탐구를 바탕으로, 고통받는 가족들이 미술치료 과정을 직면할 때 경험했던 심리치료 현상을 이해하는 기회로 제공되는 세 가지 기본적인 질문이 대두된다.

1. 미술치료 과정의 이행을 초래하는 이 책에서 논의된 특별한 요구가 있는 가족의 특성은 무엇인가?
2. 이러한 가족들의 특별한 요구에 반응적인 미술치료 과정의 특성은 무엇인가?
3. 이러한 가족의 요구와 미술 개입 간의 치료 관계에서 독특한 점은 무엇인가?

제1장은 후속 장에서 논의된 임상 자료가 이 부각된 질문에 어떻게 답변하는지를 간략하게 설명하며 결론을 맺는다. 그러나 제2장에서 제6장까지의 사례 자료를 통독하는 것은 단순하게 개요를 제시한 답변에 대한 우리의 이해를 심화시킬 것이다.

이 책의 마지막 장은 제1장과 다음에 나온 사례 자료에서 임상적 예시를 통해 탐구되는 질문에 대한 답변을 요약하여 제시한다.

차례

제1부 질문 요청하기

제2부 답변 살펴보기

제3부 **답변 공식화하기**

질문 요청하기

제1장 가족 체계와 창조 과정: 첫 번째 보기

제1장

가족 체계와 창조 과정: 첫 번째 보기

Debra Linesch

이 장에서는 질문 중심 과정을 지원하도록 개발된 개념적 모형은 고통스런 가족 체계가 미술치료 과정을 직면할 때 발생되는 현상을 밝힐 것이다.

질문에 중점 두기

첫 번째 질문

일련의 새롭게 부각되는 질문 중 첫 번째는 '미술치료 과정의 이행을 초래하는 특별한 요구가 있는 가족의 특성은 무엇인가?'로 시작된다.

답변으로 이동하기

가족은 [그림 1-1]에 제시한 바와 같이, 자율적으로 기능하는 개인들의 결합보다 각 구성원이 다른 모든 구성원에게 불가분의 영향을 미치는 관계의 상호적인 체계이다.

가족에게 독특한 특성을 부여하는 것이 바로 이 상호작용 유형의 확립인 것처럼, 임상가가 어려움을 평가하는 데 도움을 주는 것이 이러한 유형의 조사이다. 다른 이론가들은 평가를 개념화하는 데 이러한 기본적인 유형의 다른 측면에 중점을 둔다.

예를 들면, Minuchin(1974)은 큰 체계 내에서 하위체계 간 경계를 강조한 반면, Satir(1967)는 가족 구성원이 서로 의사소통하는 방식에 초점을 맞춘다.

지나친 단순화로 복합성의 가능성을 인정하면서 모형을 개발하기 위해, 건강한 가족 기능에 대한 세 가지 기본적인 장애 목록을 제안한다. 이 목록에서는 사상에 대한 학파들 간의 경계를 넘어 나의 임상 연구에서 관찰된 가족 체계에 대한 보편화된 진리를 종합하려고 한다. 이 목록을 작성할 때, 어떤 특정 이론과도 동일시하지 않고 체계 붕괴의 축으로 자주 나타나는 현상에 대한 설명에 집중하기를 바란다. 비록 모든 임상 현상이 매우 복잡한 시스템으로 제시되더라도, 다음의 가설적인 단순화는 가족 체계 붕괴를 개념화하는 데 유용한 세 가지 범주로 작성된다. [그림 1-1]은 역기능을 설명하기 위해 이 목록에 포함된 각 항목이 수정될 것이다.

첫 번째 유형 붕괴는 한 체계 구성원의 배제이다. 그 행동이 스스로 부여한 것이든지 혹은 체계가 부여한 것이든지 간에, 이러한 고립은 마치 그 체계가 고립을 발생하게 하는 것처럼 전체 체계에 영향을 미친다. [그림 1-2]에 제시된 바와 같이, 체계의 구성은 모

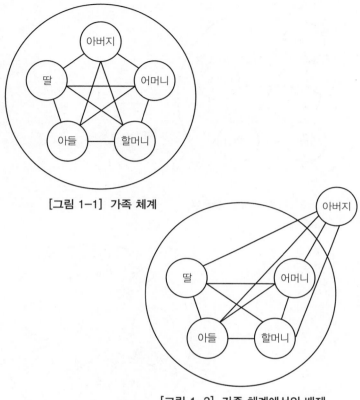

[그림 1-1] 가족 체계

[그림 1-2] 가족 체계에서의 배제

든 구성원 간 고립과 상호연관성에 대응하여 재조정되어야 한다. 이 가상의 예에서 아버지가 가족으로부터 배제된 것과 같이, 대인관계는 남아 있는 가족 구성원 사이에서 팽팽해지고, 다른 사람들 사이에서 느슨해지는 것으로 재구성된다. 단지 한 개인만 일탈했지만, 결과적으로 체계의 모든 부분이 변화된다.

역기능의 두 번째 유형은 대인관계에서 불균형으로 확인될 수 있고 체계 내에서 모든 개인 집단을 포함할 수도 있다. 불균형을 초래하는 대인관계의 강도는 긍정적이거나 혹은 부정적일 수 있다. [그림 1-3]은 곤란에 빠진 두 가지 원인이 가족 내 모든 관계에 영향을

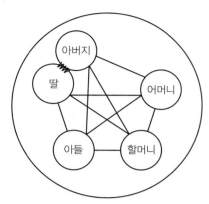

[그림 1-3] 가족 체계 간 불균형

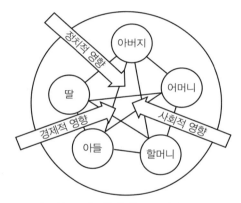

[그림 1-4] 확대가족 체계의 붕괴

미치면서 전체 체계를 재구성하는 방식을 보여 준다. 이 가상의 예에서 아버지와 딸 사이의 강한 관계는 강화된다. 그 연관성은 다른 가족원이 이러한 양자적 격렬함의 측면에서 대인관계를 재정립함에 따라 그 자체로 전체 가족 체계를 재구성하게 만들었다.

　역기능의 세 번째 유형은 그 체계 구조에 영향을 미치는 확대가족의 현상이다. 이 외부 경험은 부정적이거나 긍정적일 수 있다. [그림 1-4]는 사회적, 경제적 그리고 정치적 사건들이 가족 체계를 흔들고 재구성할 수 있는 방법을 설명한다. 이 가상적인 예에서, 가족은 그들의 수입이 제한되고 사회적 지위가 무너지며 공동체로부터 배척되는 위기로 심하게 붕괴되어 왔다. 이 가족의 구성원 간 대인관계는 구조 변경으로 스트레스를 받고, 가족은 혼돈으로 특성화된다.

창조 과정과 심리치료

질문

이 절에서 부각되는 질문은, "이러한 가족들의 '특별한 요구'에 반응적인 미술치료 과정의 특성은 무엇인가?"로 시작된다.

답변으로 이동하기

미술치료의 문헌 전반에 설명된 바와 같이, 미술 과정은 변화를 촉진할 수 있는 다양한 경험을 제공한다. 다시 말하지만, 나는 지나친 단순화의 위험과 미술치료사로서의 경험을 토대로, 이러한 기회를 치료적 성장을 촉진하기 위한 세 가지 주요 방안으로 분류해 왔다.

미술 과정이 제공하는 일차적 기회는 자기표현을 위한 것이다. 미술적 노력은 우리 문화에서 의사소통의 주요한 형식에 대한 대안이며, 그렇게 해서 변화를 자극한다. 개인(또는 가족)은 변화된 방식으로 자신을 표현함에 따라, 표현 내용과 유용성 또한 변화한다. 미술 경험은 일차적 과정과 잠재된 무의식적 요소에 대한 접근을 제공한다. [그림 1-5]에 제시된 바와 같이 개인은 이해와 자기 실현에 장애가 된 고착되어 온 방어를 잘 우회할 수 있다.

미술 과정이 제공하는 이차적 기회는 대인관계 의사소통과 관계 형성을 위한 것이다. 심리치료에서, 개인 간 진정한 대화를 위한 시도는 행동과 의식의 경직된 패턴으로 중단될 수 있다. 말에 의존하는 것은 의사소통 방식의 활성화 기회를 찾는 개인(및 가족)

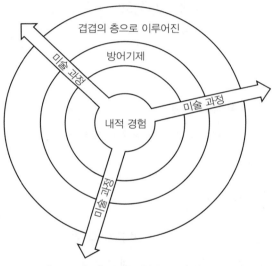

[그림 1-5] 자기표현 촉진하기

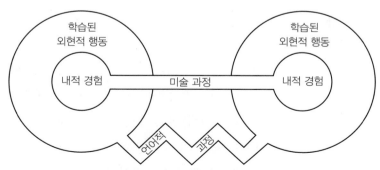

[그림 1-6] 대인관계 의사소통 촉진하기

을 방해할 수 있다. 미술 과정은 관계를 진부하고 경직된 대인관계를 만드는 구속되고 중복적인 대인관계 방식을 자유롭게 하는 수단으로 제공할 수 있다. [그림 1-6]은 진정한 의사소통을 촉진하는 미술 과정 방법을 보여준다.

　미술 과정이 변화를 촉진할 수 있는 경험을 제공하는 세 번째 방법은 에너지 촉진과 권한 부여에 있다. 미술의 제작은 정의상 창조적이고 생산적인 노력으로, 자아감과 성취감을 고취시킨다. 실패와 무기력에 빠진 개인(및 가족)에게 창조의 시작 과정은 자유롭고 구조적일 수 있다. [그림 1-7]은 자아가 능동적으로 참여할 수 있게 하는 미술 과정의 방법을 이해하기 위한 모형을 제시한다. 무력감, 절망, 불안 그리고 우울은 자아 회복으로 대응할 수 있다.

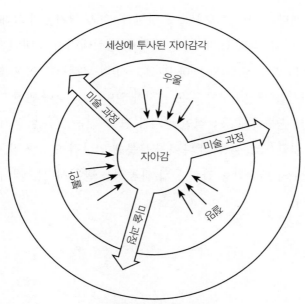

[그림 1-7] 자아감 고취

고통받는 가족과 미술 과정

질문

이 절에서, 마지막이자 가장 중요한 질문은, '이러한 가족의 요구와 미술 개입 간의 치료 관계에 독특한 점은 무엇인가?'로 부각된다.

답변으로 이동하기

우리가 역기능적 가족 패턴과 변화를 촉진하는 미술 과정을 결합해야 하는 것을 가정하고, 그러한 형식에 대한 이론화를 위해 이 장에서 개발된 간단한 모형을 고찰한다. 가족 역기능의 그래픽 모형([그림 1-2], [그림 1-3], [그림 1-4])에 정신내적이고 대인관계적인 촉진([그림 1-5], [그림 1-6], [그림 1-7])의 그래픽 모형을 첨가하고 그 조합을 개념화하는 것은 솔깃한 일이다. 그러나 관찰 가능한 현상에서 순수하게 가상적인 관계가 될 수 있는 것을 밝히기 위한 노력의 일환으로, 이 책의 나머지 부분에 임상적 요소를 탐구하여 가족 요구와 미술작품 간의 통합 가능성을 발전시키는 것이 나의 의도이다.

임상 자료에서 부각되는 답변

첫 번째 임상 예

제2장은 가족 미술치료 위기 개입에 대한 모형을 제시한다. 저자/치료사가 위기 개입의 역사와 이론을 계략적으로 설명함에 따라, 미술 양식이 상황적 위기에서 가족 요구에 특별히 적격인 방식을 제시한다. 또한 미술 과정이 극심한 스트레스를 겪는 가족의 혼란과 붕괴에 어떻게 영향을 미치는지 설명한다. 그녀(Julie Belnick)가 만든 세 가지 영향 범주의 목록은 이 책의 전반적인 주제와 잘 통합된다. 저자는 많은 미술치료의 개입을 설명하기 위해 두 가족의 사례를 기술하며, 미술치료 과정에 다음의 세 가지 기회, 즉 인지와 및 문제해결, 정서 표현 그리고 가족 체계 작업을 파악하는 틀을 유지하는 데 신중을 기하고 있다. 이 사례 자료는 이 책에서 개발된 개념적 틀을 뒷받침한다. 위기 개입의 특정한 초점을 유지하는 이 사례 자료는 세 가지 질문에 대한 초기 답변을 우리에게 제공한다.

> **질문 1**

미술치료 과정의 이행을 초래하는 위기 가족의 특성은 무엇인가?

위기는 여러 형태로 발생할 수 있지만, 제2장은 위기 개입이 필요한 가족을 정의하는 기본적인 특성을 설명한다. 저자는 상실 경험을 위기 상태의 결정적인 요소로서뿐만 아니라, 그 결과로 일어나는 불안정(가족의 균형 상실)에 대해서도 논의한다. 앞서 도출된

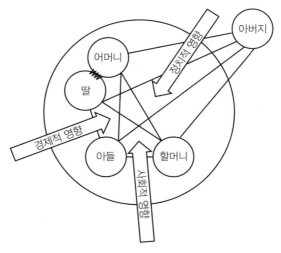

[그림 1-8] 위기 가족

그 개념을 활용하기 위한 노력으로, [그림 1-8]은 주요 가족 위기
에서 발생할 수 있는 일종의 전체 체계의 붕괴를 설명하기 위해 작
성되었다. 이 도표 사례처럼 빈번하게, 외부 요소는 나약해진 가
족 경계선을 침범하고, 구성원은 체계에서 배제되고, 관계는 불균
형의 특성을 띠게 되었다.

질문 2

위기에 처한 가족들에게 반응적인 미술 과정의 특성은 무엇인가?

[그림 1-8]은 특히 미술치료의 개입에 적합한 특성을 나타내는
혼란한 가족의 표상을 제공한다. [그림 1-9]는 [그림 1-8]에서 제
시된 가족 요구에 의미 있는 미술 과정의 가능성을 보여 준다. 도
표는 미술 과정이 근본적으로 내적 경험의 표면화를 돕는 방법을
제시한다. 위기 가족에게 이러한 경험의 세 가지 측면을 격려하는
것이 가장 도움이 된다. 이러한 격려를 통해 정서 표현이 지지될

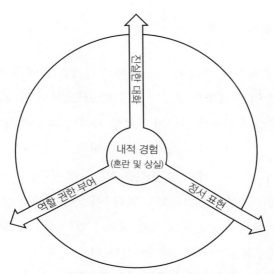

[그림 1-9] 미술 과정: 내적 경험 표면화하기

수 있고, 대화 및 의사소통이 강화될 수 있고, 부과된 미술 작업을 통해 구조적 개입(역할 권한 부여 같은)이 성취될 수 있다.

질문 3

위기 가족의 요구와 미술 개입 간의 치료 관계의 독특한 점은 무엇인가?

미술 과정([그림 1-9])이 위기 가족([그림 1-8])에 미치는 심각한 영향을 설명하는 도표는 도출되지 않았다. 창조하려는 노력은 총체적인 과잉 단순화와 복합성의 손실을 초래한다. 복잡한 세 번째 질문에 대한 답변으로 제공될 것은 제2장의 명확성과 임상적 풍부함이다. 임상 자료에서 부각되는 잠정적인 답변은 이 책의 결론에 제시될 것이다.

두 번째 임상 예

제3장에 제시된 사례 자료는 한부모 가족 미술 과정의 매우 상세한 탐색이다. 그것은 구조적 가족치료사로서의 저자/치료사의 분명한 방향에 심하게 기대어 한부모 가족의 역동에 대한 포괄적인 관점으로 시작된다. 이러한 가족의 아이 그리고 (대부분 전형적으로) 어머니의 스트레스 및 문제를 검토함에 따라, 구조적 개입을 위한 근거는 충분히 뒷받침되고 있다. 이 장은 미술 과정이 한부모 가족 작업에서 우선순위로 정할 필요가 있는 개입을 뒷받침하는 은유의 창조를 용이하게 한다는 저자/치료사 중심 방안을 설명하면서, 다른 두 가족의 임상 예를 제시한다.

사례 자료가 설명됨에 따라, 이미지 사용과 창조 과정이 저자/치료사의 다섯 가지 목표인 안전한 장소 만들기, 어머니에게 권한 부여하기, 세대 간 경계를 확고히 하기, 가족 구조를 재구성하기 그리고 감정 표현을 격려하기 등에 큰 영향을 미친다는 것은 점차적으로 명료해지게 된다. 한 부모와 함께하는 구조적 가족치료의 특별한 초점을 유지하는 이 사례 자료는 앞서 설명한 세 가지 질문에 대한 추가 답변을 우리에게 제공한다.

질문 1

미술치료 과정의 이행을 초래하는 한부모 가족의 특성은 무엇인가?

제3장은 한부모 가족의 역동을 명확히 이해하는 데 제공된다. 저자/치료사는 상실 경험, 가족 체계 약화 그리고 그 결과로 인한 가족 구조의 붕괴를 명확히 설명한다. [그림 1-10]은 이러한 현상을 설명하고 그 장의 임상 자료를 책의 전체 틀에 통합하는 데도

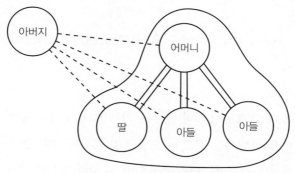

[그림 1-10] 한부모 가족 체계

도움이 된다.

[그림 1-10]은 전형적으로 양부모에서 한부모 가정으로의 전환 결과인 불균형 체계를 보여 준다. 남아 있는 부모에 대한 아이의 의존이 심해지고, 엄청난 분노가 모든 방향에서 경험되며, 어머니는 홀로 고갈되어 남겨지고 새로운 역할의 기대와 요구에 익숙하지 않게 된다. 이처럼 가족은 재구조화와 지원이 절실한 체계이다.

질문 2

한부모 가족에서 반응적인 미술 과정의 특성은 무엇인가?

제3장은 한부모 가족치료에 가치 있는 다섯 가지 개입목록이다. 이 책에서 논의된 모든 가족을 돕는 미술 과정 방법을 설명하는 데 이용되는 세 가지 기본 범주로, 이러한 다섯 가지 개입들을 인정하는 것은 어렵지 않다. 세 가지 기본 범주는 강화된 개인적 감정 표현, 촉진된 상호 친밀한 의사소통(구체적인 상징 메시지를 통해), 인정되고 지지되는 역할 변화 등이다. 이러한 방식으로 미술 과정은 가족 구조를 재정비하는 근본적인 과제를 돕는다. 그 과정은 [그림 1-11]을 통해 알 수 있다.

한부모 가족의 요구와 미술 개입 간 치료 관계의 독특한 점은 무엇
인가?

미술 과정([그림 1-11])이 한부모 가족([그림 1-10])에 미치는 심
오한 영향을 설명하는 도표는 도출되지 않았다. 이러한 근본적인
질문에 대한 답변들은 제3장에서 매우 유창하게 서술된 두 가족의
미술 경험에 있다. 결론 장은 그들이 임상 자료에서 나타내는 답변
을 명확하게 설명하려고 할 것이다.

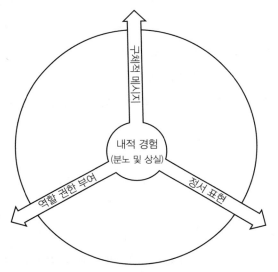

[그림 1-11] 미술 과정: 내적 경험 노출하기

세 번째 임상 예

제4장은 알코올 중독자 가족의 역동성과 미술치료 개입에 의한
영향을 설명한다. 저자/치료사는 최근 알코올 남용 관련 가족과의

임상적 이해와 치료 접근법을 개략적으로 설명한다. 결과적으로, 모든 세부사항의 풍부함에 있어서 다음의 임상 예는 전반적인 역동적 이해에 잘 기초한다. 제4장은 미술치료가 병리적인 가족 상호작용과 패턴을 노출시켜 치료적 개입의 기초를 제공하는 방법을 설명한다. 이 자료는 우리에게 앞에서 설명한 세 가지 질문에 대한 추가 답변을 제공한다.

질문 1

미술치료 과정의 이행을 초래하는 알코올 중독자 가족의 특성은 무엇인가?

비록 알코올 남용으로 인한 가족 붕괴의 유형은 많지만, 대개 알코올 남용은 이중적인 메시지와 혼란으로 가득해서 불안정한 가족 분위기를 조성한다. 또한 가족 구성원에게 엄격한 역할이 자주 부여된다. 이것들은 알코올 의존과 결부되는 항상성(homeostasis)을 유지하는 데 유용하지만, 가족이나 개인의 정신건강을 뒷받침하는 데는 유용하지 않다. 흔히 볼 수 있는 역할에는 공동의존자, 조력자, 희생양 그리고 영웅 등이 포함된다.

제4장의 특별한 가족에 대한 설명은 아버지의 알코올 중독 중심으로 7인 가족 구조 방식을 보여 준다. 흥미롭게도 제4장에서 설명한 바와 같이, 그 가족은 알코올 남용을 문제로 인정하지 않았다. 그러나 13세 지목된 환자(Identified Patient: IP, 희생양)의 문제 행동에 초점을 맞추어 치료를 시작했다. [그림 1-12]는 약물 남용의 정신 병리를 부인하려는 어머니와 아이들의 노력을 특징짓는 결탁과 배제 관계를 보여 준다.

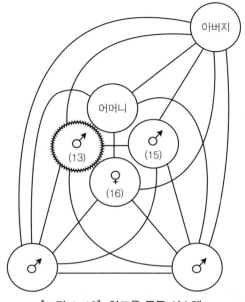

[그림 1-12] 알코올 중독 시스템

질문 2

알코올 중독 가족에게 반응적인 미술 과정의 특성은 무엇인가?

[그림 1-13]은 [그림 1-12]에서 표상된 비범한 가족 요구에 의미 있을 미술 과정의 잠재성을 보여 준다.

알코올 중독자 가족과의 기본적인 작업은 가족 체계 내에서 은폐되고 무의식적인 요소를 평가하는 능력이다. [그림 1-13]의 도표는 이러한 능력을 가진 미술 과정의 방식을 은유와 시각적 상징으로 보여 준다. 개별 가족 구성원은 지시 사항을 사용하여 상호 감정을 표현하고 진실한 설명을 전달하도록 장려됨에 따라, 창조된 작품들은 가족의 부정의 벽을 허물 수 있는 수단이 된다. 그리하여 역할을 명확히 할 수 있으며, 내적 경험이 보다 명확하게 인식되고 인정되어 수정되기를 바란다.

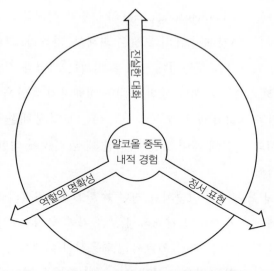

[그림 1-13] 미술 과정: 알코올 중독 경험 외현화하기

질문 3

알코올 중독 가족의 요구와 미술 개입 간의 치료 관계의 독특한 점은
무엇인가?

미술 과정([그림 1-13])이 알코올 중독 가족([그림 1-12])에 미치
는 심각한 영향을 설명하는 도표는 도출되지 않았다. 제4장의 예
를 든 사례 자료는 이 기본적인 세 번째 질문에 대한 복잡한 답을
어느 정도 이해할 수 있게 해 준다. 이 책의 결론은 드러나는 답변
을 명확하게 해 줄 것이다.

네 번째 임상 예

제5장은 근친상간 성 학대 피해자의 개입에 대한 가족 기반 모
형을 제시한다. 저자/치료사는 가족과 사회 제도 모두에서 '자기

영속성 순환(self-perpetuating cycle)'의 근원을 이해하고 논의한다. 결과적으로, 제5장에서 개입 모형은 피해자, 가해자, 그리고 가족 구성원을 고립시킨 역동성에 영향을 미치는 개념과 기법을 제공한다. 특히 가족들이 학대 경험에 대한 피해자의 묵살을 결탁하는 방식에 대한 논의가 매우 효과적이다. 이는 모형에 대한 틀을 제공하는 지시와 개입에 배어 있는 이러한 핵심 역동에 대한 저자/치료사의 이해이다.

제5장의 복합가족 미술치료 집단 11회기에서 5명의 젊은 여성 학대 피해자를 소개하고 가해하지 않는 가족 구성원과 함께 그들의 참여를 논의한다. 저자/치료사는 역동적인 이해에서 비롯된 세 가지 목표에 초점을 맞추고 구체적으로 그 회기를 논의한다. 그 세 가지 목표는 자녀의 자기표현 격려하기, 개선된 양육 노력 지원하기 그리고 세대 간 상호작용 증진하기 등이다. 이 사례 자료는 앞서 설명한 세 가지 질문에 대한 추가 답변을 우리에게 제공한다.

질문 1

미술치료 과정의 이행을 초래하는 근친상간 성 학대 희생 가족의 특성은 무엇인가?

저자/치료사는 학대를 영속화시키는 몇 가지 특성이 있는 가족 체계를 논의한다. 그 특성은 부적절한 감정 표현, 자기신뢰 및 자기개념의 붕괴 그리고 적절한 책임 수용의 결여 등이다. 이러한 특성은 피해자(그리고 가족 구성원)가 학대를 둘러싼 내외적 경험을 일축하는 환경을 조성한다. 이런 현상에 대한 이해는 성 학대 가족과의 심리치료에서 빈번히 관찰되는 경직된 반응을 설명하는 데 도움이 된다. [그림 1-14]는 제5장에서의 이런 모집단에 대한 개념적 이해

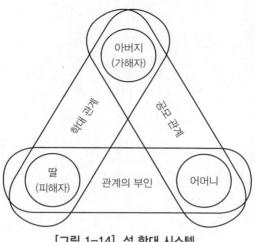

[그림 1-14] 성 학대 시스템

를 설명하고 이 책의 전체적인 틀로 통합하는 것에 대한 시도이다.

[그림 1-14]의 도표는 역할의 복합성 그리고 항상성을 뒷받침하는 대인관계 의식과 성 학대를 부인하는 가족의 결탁을 전달한다.

질문 2

근친상간 성 학대 희생 가족들에게 반응적인 미술 과정의 특성은 무엇인가?

[그림 1-15]는 [그림 1-14]에서 매우 강력하게 설명된 복잡한 요구의 집합체로 특히 의미 있을 미술 과정의 가능성을 보여 준다.

도표는 미술 과정이 어떻게 학대 경험의 억압된 인식을 자유롭게 하고, 세대 간 인식을 용이하게 할 수 있는지 그리고 그 과정에서 어떻게 모든 가족 구성원에게 역할 의무와 책임을 이행 및 수용하는 것에 권한을 부여하도록 도울지를 제안한다.

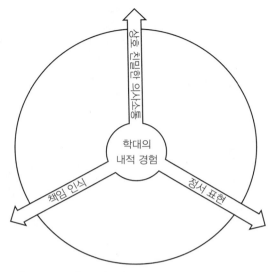

상호 친밀한 의사소통

학대의
내적 경험

책임 인식

정서 표현

[그림 1-15] 미술 과정: 학대 경험 해방시키기

질문 3

근친상간 성 학대 가족의 요구와 미술 개입 간의 치료 관계의 독특한
점은 무엇인가?

미술 과정([그림 1-15])이 성 학대 가족([그림 1-14])에 미치는 심
각한 영향을 설명하는 도표는 도출되지 않았다. 제5장에 제시된
'기술 모형(descriptive model)'은 이 복잡한 질문에 대한 답변을 이
해할 수 있는 예시 자료로 제공된다. 그 답변은 이 책의 결론 장에
요약될 것이다.

마지막 임상 예

제6장은 우리에게 극심한 스트레스를 겪는 가족과 미술 과정의
가치를 이해할 수 있는 기회를 제공한다. 정치적 불안의 황폐화로

희생되어 외국 문화에서 난민이 된 가족에게는 제6장에서 개괄화하고 논의하는 미술치료 개입이 제공된다. 미술작품을 살펴보고 참여자의 이야기가 도식으로 명료화되면서, 미술 과정의 힘은 뚜렷해진다. 사실상, 제6장은 깊은 정치적 및 사회적 불평등이 개인과 가족을 파괴하는 사회에서 창조 과정의 가치에 대한 증언이다. 앞의 사례와 마찬가지로, 자료는 이장의 시작에서 설명된 세 가지 질문에 대한 추가 답변을 제공한다.

질문 1

미술치료 과정의 이행을 초래하는 중앙아메리카 난민 가족의 특성은 무엇인가?

저자/치료사들이 논의한 바와 같이, 난민 가족은 이주를 둘러싼 심리적 외상으로 고통을 받고 있다는 특징이 있다. 난민 신경증 진단(Williams & Westermeyer, 1986)과 외상 후 스트레스 장애(DSM 제3판 개정)는 난민 경험의 참사를 충분히 그림으로 제공하는 데 활용된다. 이러한 가족에 대한 논의에서 두드러진 것은 이주를 둘러싼 사건으로 인하여 가족 붕괴의 순환이 계속되는 정서 상태의 무기력한 우울감이다. [그림 1-16]은 이러한 난민 가족 중 1명에게 미치는 영향의 전체성을 보여 준다. 배제, 하위집단 그리고 외부 침입은 모두 혼돈의 일부분이다.

질문 2

중앙아메리카 난민 가족에게 반응적인 미술 과정의 특성은 무엇인가?

[그림 1-17]은 이 장에서 논의된 바와 같이, 저자/치료사들이 이

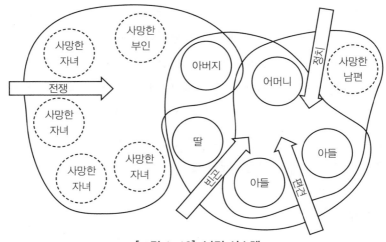

[그림 1-16] 난민 시스템

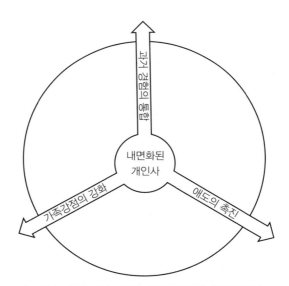

[그림 1-17] 미술 과정: 개인 발달사 외현화하기

러한 가족에게 '치유의 몸짓'이라고 설명하는 것과 같은 미술 과정
의 방법을 보여 준다. 도표는 이 본문 전체에 걸쳐 작성되어 있는
틀을 통해 제6장의 문제를 재구성한다. 난민 참여자의 경험은, 비

록 저자/치료사에 의해 더 시적으로 논의되었지만, 앞서 제6장에 설명되어 있다고 언급한 세 가지 질문의 관점에서 이해할 수 있다.

저자/치료사는 미술경험이 방어적인 장애로부터 정서적인 표현을 배제하는 힘을 가지고 있다는 것을 시사하면서, 슬픔과 애도를 용이하게 하는 방법에 대해 논의한다. 실제 현실 안에서 과거 경험의 통합을 돕는 상징적 과정으로 그 방법을 논의할 때, 그들은 진정한 의사소통을 촉진하기 위한 미술의 힘이라는 것을 시사한다. 또한 그들이 미술 과정이 가족 기원의 문화로부터 가족의 힘을 끌어내고 가족에게 힘을 실어 주는 방식을 논의할 때, 개인의 활력을 되찾고 대인관계 기능을 향상시킬 수 있는 힘을 암시해 준다. 이 세 가지 방법으로, 미술 과정은 이러한 도달하기 어려운 외상 경험이 있는 가족에게 치유의 가능성을 제공하는 것으로 이해될 수 있다.

질문 3

난민 가족의 요구와 미술 개입 간의 치료 관계에서 독특한 점은 무엇인가?

제6장은 중앙아메리카 난민들을 위한 복합가족 미술치료 집단 참여자에게 이행된 치료적인 과정을 설명한다. 이 세 번째 질문에 대해 답변은 이미지와 과정의 탐색에서 부각되기 시작한다. 이전 장의 사례에서 그래 왔듯이, 순차 질문은 보다 명확하게 중요한 것에 초점을 맞추려는 것이다. 그 답변은 임상적 논의 내에 있으며 이 책의 결론 장에 요약되어 있다.

📖 참고문헌

Goldenberg, H., & Goldenberg, I. (1990). *Counseling Today's Families.* Pacific Grove, CA: Brooks/Cole.

Kwiatkowska, H. (1978). *Family Therapy and Evaluation Through Art.* Springfield, IL: Charles C. Thamas.

Landgarth, L. (1987). *Family Art Psychotherapy.* New York: Brunner/ Mazel.

Minuchin, S. (1974). *Families and Family Therapy.* Cambrige, MA: Havard University Press.

Nichols, M. (1987). *The Self in the System.* New York: Brunner/Mazel.

Piercy, F., & Sprenkle, D. (1986). *Family Therapy Sourcebook.* New York: Guildford Press.

Satir, V. (1967). *Conjoint Family Therapy.* Palo Alto, CA: Science and Behavior Book.

Williams, C., & Westermeyer, J. (Eds.). (1986). *Refugee Mental Health in Resettlement Countries.* Washington. DC: Hemispher.

제 2 부

위기 가족 미술치료 · 제 2 부

답변 살펴보기

제2장

가족 미술치료의
위기 개입 모형

Julie Belnick

미술치료의 놀라운 다양성은 매우 다른 모집단의 대단히 광범위한 치료 환경에의 적용을 허용하였다. 구조를 제공하고 자유로운 표현을 촉진하는 능력과 같은, 이러한 양식의 고유한 특성은 내담자의 다양한 요구와 치료 접근으로 활용될 수 있다.

로스앤젤레스의 Benjamin Rush Center(BRC)의 위기 가족 작업에서, 나는 미술치료와 BRC 가족 위기 개입 모형의 기본적인 관련성 사이에 이론적 연관성이 있는 것을 인정하였다. 미술치료가 인지와 문제해결, 정서의 순환 그리고 가족 체계 작업을 포함한 구체적인 목표 달성을 어떻게 향상시키는지를 관찰하는 것은 놀라웠다.

이러한 역동을 심층적으로 연구하는 것에 자극받은 나는 미술치료가 여러 가지 위기 개입 전략에 가치 있는 요소로 보였지만, 가족 위기의 사용에 대해서는 거의 공표되지 않았다는 것을 알았다. 보고된 소수의 사례는 각각 다른 치료 양식에 따라 한 가족 또는 기껏

해야 두 가족과의 작업이었다. 이런 비일관성은 가족 위기의 해결을 용이하게 하는 미술치료의 가치 평가를 어렵게 만들었다.

BRC 위기 개입 모형은 명확하게 정의된 단계 순서로 구성되므로, 치료 과정을 통해 여러 가족의 진행이 이루어짐에 따라 미술치료 사용에 대한 평가를 일관성 있게 수행할 수 있다. 나는 BRC 모형의 필수적인 단계를 이용하게 함으로써 미술치료가 어떻게 가족 위기 해결을 촉진시킬 수 있는지에 대해 조사하기 시작했다.

위기 개입의 역사

현대 도시 생활의 스트레스 요인이 계속 증가함에 따라, 모든 종류의 위기 상황도 점점 높아지고 있다. 가족은 그들의 평소 대처 전략을 과소평가하여 위기 상태에 처하게 되어 딜레마에 직면하고 있다. 정신 건강 분야가 위기에 처한 사람의 독특한 욕구를 인식하기까지는 시간이 걸렸다. 그들의 절박함이 인정받으면서 전문 치료법 개발도 실현되었다. Lindemann(1944)의 사별에 관한 세미나 연구는 이러한 인식을 가져오는 데 있어서 중요한 계기가 되었다. 그의 연구 결과, 위기 상황은 압도적인 상실에 대한 정상적인 반응으로 재정의되었다. 더 나아가, 사람들은 위기 촉발요인에 대해 4주에서 6주 이내에 적응 또는 부적응으로 위기 해결을 달성할 것이라는 점에 주목했다.

간단한 치료 접근뿐만 아니라 정신 건강 서비스에 대한 지원 준비가 뒤따르는 것은 효과적인 개입에 필수이다. 전통적인 정신분석 치료는 많은 비용이 들고, 시간이 많이 걸리며, 위기 개입의 구체적인 요구에 적합하지 않았다. 또한 정신분석은 특히 낮은 사회

경제적 지위의 그룹에는 접근할 수 없는 반면, 위기 개입은 사회의 모든 부류의 현실적인 참여를 불러일으켰다. 이러한 인식은, 위기 개입을 효과적인 치료 양식으로 인정함과 더불어, 다섯 가지 기본 프로그램 중의 하나로 긴급 서비스로 설립된 1963년의 「지역정신건강센터법(Community Mental Health Centers Act: CMHCA)」의 통과로 절정에 이르렀다.

1960년대까지, 위기 개입 프로그램은 개인치료를 근본적인 목표로 하고 있었다. 이후 치료 양식으로 가족치료의 확립과 함께, 위기 개입의 기본 원칙이 균등하게 적용 가능한 것으로 판명된 프로그램이 위기 가족을 위해 특별히 개발되었다. 예를 들면, BRC에서 개발되고 실행되었던 위기 개입 모형은 개인을 위한 모형으로 시작되어 가족과의 작업을 포괄하는 것으로 성장하였다.

위기 이론과 균형 모형

위기 개입(BRC 접근의 기초)의 균형 모형에 대한 이론적 핵심은 위기 상태가 개인의(또는 가족의) 심리적 불균형에 빠지게 되는 결과를 초래함으로써 압도적 상실에 대한 **정상적인 반응**이라는 생각에 근거한다. 상실의 정도는 필요, 안전 또는 의미 있는 존재의 위협으로서 어떤 사건에 대한 **주관적인 인식**에 근거한다. 자존감 상실, 성 역할의 숙련 상실 또는 양육 상실은 주요한 위기의 촉진요인이 될 수 있다(Strickler & La Sor, 1970).

습관적인 대처가 가족 균형 유지에 불충분할 때 가족은 위기 상태로 치닫기 때문에 가족 위기는 개인 위기와 병행한다. 가족은 모든 부분에서 전체에 영향을 미치는 체계를 구성한다는 가족치료의 기본 전제를 고려해 보자. 그것은 1명 이상의 가족 구성원에게 영향을 미치는 상실에 반응하여 한 가족이 불균형 상태에 빠질 수 있다는 것이다.

위기 개입의 균형 모형은 한 개인(또는 가족)을 위기 이전의 균형 또는 더 나은 균형으로 되돌리려고 한다. 정신적 균형이 6주 이내에 회복될 수 있다는 기본 전제는 치료 기간(최대 6회 방문)에 대한 명확한 시간제한과 개입 과정에 따라야 할 분명한 단계가 있다는 점에서 개입 과정의 이론적 구조를 제공한다. 이것은 개입자로부터 적극적 활동을 유지할 필요성을 제공된다. 내담자는 지속적으로 자신의 개인적 대처 자원을 지향한다. 치료사에게 의존하는 것은 바람직하지 않다.

개입 과정 단계

BRC의 가족 위기 개입은 다음 논의에서 검토되는 개별 위기 개입 기법의 확장과 정교화이다.

위기 개입에서 필수적인 첫 단계는 의뢰인이 외래환자 기준으로 안전하게 치료될 수 있는지 여부를 평가하는 것이다. 다음 과제는 위기 문제를 장기 병리학과 구별하는 데 도움이 되는 촉발 사건을 파악하는 것이다. 종종 의뢰인은 무엇이 자신의 고통을 유발했는지 정확히 의식하지 못한다. 그것은 거의 예외 없이 위기의 핵심과 상징적으로 연관되어 있기 때문에 '마지막 접촉(도움을 구하기 전의 마지막 대인 접촉)'을 탐색하는 것이 도움이 된다. 연대순으로 작업하면 '마지막 접촉'에 이르는 사건을 타임라인에 통합할 수 있으므로, 이러한 사건들의 상호 관계를 쉽게 이해할 수 있고, 위기의 순간과 마침내 전문적인 지원을 요청하는 결정 사이에 가족이 어떻게 대처했는지를 종종 확인할 수 있다. 촉발 사건이 확인되었을 때(대개 치료받기 한 달 이내에 발생한다), 중요한 심리적 요구에 가해지는 위협 측면에서 사건의 의미를 밝혀내야 한다. 또한 유사한 위협에 대응하여 일반적으로 사용되는 대처 기제 그리고 그들을 비효율적으로 만든 새로운 조건을 탐색하는 것도 중요하다.

상담사는 의뢰인에게 전달되는 위기 역동을 분명하게 하기 위해 지금까지 수집된 정보를 위기 공식화에 압축한다. 그 목적은 의뢰인에게 자신의 경험에 대한 인지적 파악을 제공함으로써 적응적 대처의 길을 열어 주는 것이다. 새로운 대처 개발이 치료의 일차적인 초점이 된다. 상담사가 근본적인 감정을 파악하고 표현하는 데 있어서 의뢰인이 도움을 주기 때문에 감정적인 측면은 위기 개입 전반에 걸쳐 다루어진다. 이득에 대한 예측 계획 검토는 개입의 마지막 단계를 구성한다.

가족과 함께 작업할 때 위기 개입의 순차적 단계는 방금 설명한 단계와 일치한다. 그러나 집행자는 개인과 가족 수준에서 모두 아이디어를 반드시 개발해야 하기 때문에 복합성이 증가한다.

미술치료와 위기 개입

미술치료는 인지와 문제해결, 정서 순환 그리고 가족 체계 관련 작업을 포함하는 위기 개입의 기본 목표를 촉진하는 데 있어서 독특하게 적합하다.

인지와 문제해결

위기 역동에 대한 인지적 이해를 확보하는 것은 심리적 균형을 되찾기 위한 필수적인 단계로 간주된다. 미술치료는 개인에게 주관적 미술 표현의 의미를 한 발 물러서서 평가할 기회를 제공한다. 이것은 인지 치료에서 강조되는 과정들, 즉 상징화하고, 사고하고, 사고에 대해 사고하는 개인의 능력을 증진시킨다.

인지 치료의 또 다른 기본 전제는, 지각은 능동적인 과정이고 각 개인의 세계관은 독특하다는 생각이다. 사람들은 환경에 있는 대안을 자유롭게 선택할 수 있음에도 불구하고, 지각에 의해 제한된 선택을 한다. 미술 경험은 다양한 옵션을 발견하고 테스트할 수 있는 안전한 상황을 제공함으로써 개인의 선택(또는 문제해결) 과정을 촉진할 수 있다.

시각적 표상은 다층의 의미를 응축된 형식으로 표현하는 수단으로 제공된다. 미술 경험의 이러한 측면은 사건의 의미를 밝혀내는 것이 필수적인 위기 개입에 현저하게 도움이 된다. 그것은 원인과 결과에 연속적으로 조직되어 언어적 표상과 뚜렷한 대조를 이루는 탐색 방안을 제공한다.

인지와 문제해결 역시 미술 경험의 행동적 특징에 의해 강화된다. 미술 활동은 내담자가 대안을 검토하고, 비판하고, 결론을 따라야 한다는 점에서 문제해결 선택권을 요구한다. 덧붙여, 회화적인 작품은 영구적이어서 내담자가 표현한 내용을 검토하고 반응할 수 있는 반면, 정신적 이미지는 희미해질 수 있고 재평가를 회피할 수 있다.

정서 순환

다양한 이론가와 실무자는 정서의 주관적인 경험을 고조시키기 위해 미술치료의 강력한 역량을 언급하였다. Horowitz(1971)는 시각적 양식이 정서를 차단할 수 있는 방어 기제(주지화 및 억압 같은)를 우회하는 데 도움을 줄 수 있다고 지적한다. 또한 Wadeson (1980)은 미술작품이 사람들에게 감정의 존재를 인식하기 위한 심리적 거리를 허락할 수 있다고 보고한다. 그 시점부터, 개인은 이러한 영향을 자신의 일부로 소유하고 통합하는 것을 시작할 수 있다. 부가적으로, 매체 조작(점토를 쥐어짜거나 두드리는 것 같은)의 물리적 경험은 감정에 대한 카타르시스 방출에 제공될 수 있다.

가족 체계 관련 작업

미술치료는 가족 위기 개입의 또 다른 필수 요소인 가족 체계를 조명하는 데 이용될 수 있다. 가족 체계는 공동 미술 프로젝트의 한 단위로서 가족 작업에 대한 관찰에 의해 검토될 수 있다. "미술 과업의 가치는 진단, 상호작용, 시연 도구로서의 **과정**, 무의식적이고 의식적인 의사소통을 묘사하는 수단으로서의 **내용** 그리고 집단의 역동성을 보여 주는 지속적인 증거로서의 **작품** 등 세 가지이다."(Landgarten, 1987, p. 5)

따라서 가족들에게 소집단에서 미술 과제를 작업하도록 지시함으로써 구조적 개입으로 미술 과정을 사용할 수도 있다. 예를 들어, 아이가 '모+아이+부' 3인조의 삼각관계인 경우, 부모는 아이가 스스로 자유롭게 작업하는 동안 함께 작업하기를 요청받을 수 있다.

가족 미술치료의 위기 개입 모형

미술 개입은 다음과 같이 기술된 BRC 치료 모형의 순차적 목표를 촉진하기 위해 고안되었다. 그 순차적 목표는 (1) 위기 역동의 인지적 이해, (2) 위기와 관련된 정서의 동일시 및 표현, (3) 이전의 대처 기제 탐색 및 문제해결을 통한 적응 대처의 촉진, (4) 예측 계획, (5) 개입 과정에서 얻은 이득의 요약 등이다.

다른 목표에 대한 접근을 제공할 수 있는 하나의 목표를 향한 미술 개입을 기록하는 것은 흥미롭다. 미술작품을 창조하는 **과정**, 미술작품의 **내용** 그리고 미술 활동에 의해 자극되는 **상호교류** 모두 개입의 필수적인 요소이다.

미술 개입

위기 역동의 인지적 이해

전문적 도움을 요청하는 사람들에게 사건이 절정에 달하는 것을 탐색하도록 지원하는 것은 위기 역동의 명확성으로 이어질 수 있다. 어떤 사람은 가족 구성원에게 이러한 사건들을 그리게 하고 그들이 진료소에 연락하기 전 시간 또는 그날 무슨 일이 일어났는지를 요청할 수 있다. 이 상호작용은 거의 항상 위기 역동을 밝혀내는 열쇠가 포함되어 있기 때문에 '마지막 접촉(도움을 요청하기 이전의 마지막 대인관계 접촉)'에 대하여 사람들에게 잡지 이미지를 그리거나 선택하도록 하는 점은 특히 분명하게 할 수 있다. 위기 발생 이전과 이후의 가족에 대한 인식을 비교하는 것은 근본적인 위기 역동에 대한 뛰어난 접근으로 제공될 수 있다. 이는 2차원 매체(예: 이전과 이후의 가족 그리기) 또는 재현을 용이하게 하는 공작용 점토 같은 3차원 매체로 작업할 수 있다. 예를 들면, 가족 장면의 전후 단계를 위해서 가족 구성원에게 자신의 점토 이미지를 만들도록 요청할 수 있다.

위기와 관련된 정서의 동일시와 표현

종종 잡지 콜라주 이미지의 은유적 측면은 사람들이 의식적으로 알지 못하는 감정 수준을 드러낸다. 그러므로 그들이 위기를 어떻게 느끼는지에 대한 표현하는 사진을 선택하도록 가족에게 요청하는 것은 매우 유용할 수 있다.

위기와 관련된 정서에 접근하는 또 다른 방법은 자기지각에 대한 탐색을 용이하게 하는 것이다. 그러기 위해서, 치료사는 가족 구성원에게 내면에서 느끼는 대로 자신을 그리도록 요청할 수 있고, 가족에 대한 생각을 그리도록 요청할 수 있다. 매체 사용 또한 감정 표현을 촉진할 수 있다. 예를 들면, 점토를 두드리거나 종이를 찢는 것 등의 신체적 행동은 (안전한 경계 내에서) 카타르시스의 긴장 이완으로 제공할 수 있다.

이전 대처 기제의 탐색과 문제해결을 통한 적응 대처의 촉진

가족에게 과거의 비슷한 상황에 어떻게 대처했는지를 함께 그리도록 요청하는 것은 강점을 강화할 수 있고, 현재의 대처가 왜 그들의 요구를 충족시키지 못하는지에 대한 논의로 이끈다. 잡지 콜라주 이미지는 이 위기가 왜 그들의 습관적인 대처를 비효율적으로 만들었는지를 가족들이 확인하는 데 도움을 줄 수 있다.

적응 대처를 용이하게 하기 위해, 치료사는 가족 구성원에게 문제에 대해 다른 가능한 해결을 설명하는 사진을 선택하거나 이미지를 그리도록 요청할 수 있다. 그들의 작품에서 유사성과 차이점을 확인하는 것은 문제해결을 촉진한다. 또한 가족 구성원에게 현재와 미래에 그들이 원하는 자신과 가족을 표상하도록 요청할 수 있다. 이는 개인의 요구를 분명하게 할 수 있고 가족 문제해결을 촉진할 수 있다.

예측 계획

적응 대처를 강화하기 위해, 가족의 균형을 방해할 수 있는 사건을 예측하고 가족을 지원하는 새로운 대처를 '시연'하는 것이 중요하다. 치료사는 가족 구성원에게 가족에 대한 최악의 두려움을 나타내는 잡지 사진을 선택하라고 요구할지도 모른다. 그런 후 그들은 이러한 상황에 어떻게 대처하는지를 보여 주는 그림을 그릴 수 있었다. 또한 가족은 미래를 위해 비슷한 위기를 만들어 보도록 지시받을 수 있다. 그들은 어떻게 이 상황에 대처할 것인가에 대해 토론한 후에, 함께 그리거나 콜라주를 하면서 해결책을 구체화할 수 있었다.

그것은 위기에 처한 가족들이 그들의 균형을 실제로 위협하는 다가올 사건에 직면하는 것이 일반적이다. 이러한 경우, 가족의 특정한 상황에 맞게 미술 개입을 조정하는 것이 유용하다.

개입 과정에서 발생한 이득의 요약

이득을 탐색하는 정서적인 방법은 가족 구성원에게 치료의 시작과 마지막에 다시 한번 자신과 가족을 그리도록 요청하는 것이다. 가족 구성원은 함께 또는 개인적으로 작업할 수 있으며, 그들이 느끼는 감정을 가장 잘 표현할 수 있는 매체를 선택할 수 있다.

또 다른 이득을 강화하는 방법은 미술작품이 치료 과정에서 그림이나 사진 기록으로 제공되기 때문에 가족에게 그들의 모든 미술작품을 검토하게 하는 것이다.

또한 새로운 대처 기술을 강조하고 연습하는 미술 개입을 설계하는 것이 유용하다. 예를 들면, 양육 역할의 권한을 부여 받은 한 부모는 미술 과업 내에서 아이들을 지시하고 자제하도록 요청받을 수 있다. 이러한 종류의 미술 개입은 가족이 치료에서 경험했던 성장을 검토하는 발판으로 제공할 수 있다.

사례 연구

이 장의 나머지 부분은 두 가족의 사례 자료를 제공하여 가족 위기 개입 모형에 미술치료를 적용하는 것을 설명할 것이다. 종종 단일 미술 개입은 몇 가지 목표에 대한 접근을 제공했기 때문에, 앞에서 설명한 대로 모든 범주의 미술 개입을 사용하는 것은 불필요했다. 그리고 항상 실제 사람들이 반응하는 사례에서 그랬듯이, 각 가족의 요구는 미술 개입이 치료의 초점이 되는지 살펴보는 것을 지시하였다.

Z 가족

사례 발달사

임신 2개월인 20대 여성 Emilia는 8세 딸 Della와 4세 아들 Tim과 함께 BRC에 도착했다.

Emilia는 결혼생활 동안 남편으로부터 정서적 그리고 신체적으로 학대받아 왔다. 이 위기는 치료 3주 전에 발생하였는데, Z씨는 아이들 앞에서 Emilia를 신체적으로 공격하여 태아의 생명을 위협했다. Tim은 엄마로부터 아빠를 떼어 내려고 헛수고하는 동안, Della는 911에 신고할 수 있었다. 경찰이 전화를 받고 도착해서 Z씨를 체포했을 때, Emilia는 Della가 자신의 목숨을 구했다고 믿었다.

그 후 몇 주 동안, Emilia는 자신의 주장(남편에 대항하여 법적 조치를 취하는 것)을 폄으로써 대처했다. 마지막 접촉은 Emilia가 BRC에 전화하기 5분 전에 발생했다. 변호사(중년 남성)는 그녀가 아이들 아버지의 면회를 동의하도록 설득시키려 했다. 그와 전화하는 동안, Emilia는 변호사가 그녀의 의지에 대항하여 무언가를 하도록 압력을 가하자, 그녀는 남편에게 다시 폭행당하는 데자뷔(déjà vu) 같은 느낌을 경험하였다. 그러는 동안, 아이들은 그녀의 대화를 우연히 들었고, 강제로 아빠를 보게 하지 말라고 애원하기 시작했다. Emilia는 변호사의 의도를 따르는 것보다 BRC에 전화하기로 결정했다.

위기 공식화

위기는 가족뿐만 아니라 구성원으로서 Emilia와 아이들을 위해 개별적으로 공식화되었다. Emilia의 경우, 마지막 접촉이 아이들을 위험에 빠뜨리도록 그녀에게(그녀의 남편이 했던 것 같이) 강요했던 그녀의 변호사라는 점에서 위기 촉발요인으로 재평가되었다. 성인 역할을 맡는 것에 그녀는 양가감정으로 무력해졌고, 마침내 자녀들의 위기는 변호사에게 반항할 수 있게 하였다. Emilia는 성역할 지배(부모 기능을 하는 능력)에 대한 위협을 느끼는 동시에, 자존감 상실과 양육 상실(그녀는 더 이상 남편에게 의존할 수 없었다)을 경험했다. Emilia는 인생의 선택을 상징했던 태아에 대한 위험을 참을 수 없었기 때문에 과거 대처(굴복)는 더욱 통하지 않았다. Emilia 위기의 가장 핵심은 아이 역할에서 효과적인 부모 역할로 전환하는 양가감정으로서 공식화되었다.

아이들의 개별 위기는 자녀들을 보호하는 Emilia의 흔들리는 능력에 당면하여, 이러한 역할을 포기하는 아이들의 양가감정과 결부된 지속적인 그들의 부모화된 역할의 약화된 관용으로 공식화되었다.

세 가지의 개별 위기는 가족의 위계 구조를 재협상하는 체계 위기의 일부로 얽혀 있었다.

미술치료와 치료

위기 역동의 인지적 이해

[그림 2-1]은 두 번째 회기에서 Z 가족에서 수행한 콜라주를 병행하여 상세히 열거한다. 지난번 접촉(면접교섭에 관한 Emilia와 변

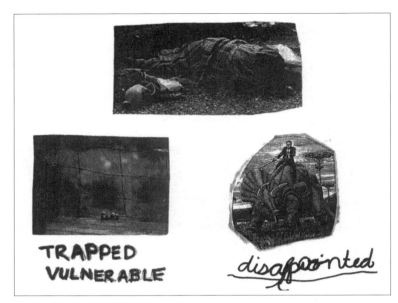

[그림 2-1] '마지막 접촉'에 대한 Z 가족의 느낌

호사의 대화)에서 어떻게 느꼈는지를 묘사하는 두 개의 그림을 선택하라고 그들에게 요청했다. Emilia는 자신의 콜라주([그림 2-1] 왼쪽)에서 갇힌 상태의 연약한 아이를 살펴보면서 '아이들 중 하나'로 자신을 동일시했다. 아이와의 이 시각적 동일시는 Emilia에게 자신의 위기에 대한 인지적 파악을 제공하여, 아이 대 성인 역할의 핵심 투쟁을 정서 상태와 연결시키도록 도왔다. 그녀는 자신이 양육과 보호를 자녀에게 의지하는 의존적인 아이로서 기능해 온 것을 통찰하면서, 아이들의 고민을 더 쉽게 인정할 수 있었다.

Della는 어머니의 수동성([그림 2-1] 오른쪽)에 대한 실망과 부모로서의 역할(거대한 공룡을 통제하려는 어른 형상을 주목)에 대한 불안감을 표현했다. Tim은 자발적으로 죽은 어머니와 아이의 이미지([그림 2-1] 위쪽)를 집었다가, 나중에 온화한 그림을 위해 버렸다. 비록 그 그림이 Tim에게 너무 대립적이어서 참을 수 없을지라도, 그는 어머니의 보호를 잃은 것에 극심한 공포를 드러냈다. 그가 부모화된 역할을 하는 것이 점점 더 어려워졌고 통제력을 갖기 위해 어머니가 필요했다는 것이 분명해졌다.

위기와 관련된 정서의 동일시와 표현

앞의 [그림 2-1]에 대한 토론에서, 인지적 이해는 가족의 동일시와 정서 표현을 통해 진화된 것이 분명하다. 더 중요한 것은, 미술 개입이 네 살 아이에게 말없이 자신의 감정을 전달할 수 있는 수단을 허용했다는 것이다.

[그림 2-2]는 미술 매체로 작업하는 과정이 어떻게 Tim에게 감정을 동일시하고 표현할 수 있는 추가 기회를 제공했는지를 보여 준다. 세 번째 회기에서, 나는 Z 가족에게 각각의 점토로 자기 이미지를 만들고, 이것을 위기 전과 후에 대한 가족생활의 장면을 재현하는 데 사용하라고 요청했다.

의미 있게도, Tim은 자기 자신 대신에 어머니의 이미지를 만들었다. 그런 후, [그림 2-2]의 그림 왼쪽에 있는 신체 부위 더미에서 볼 수 있듯이, 아버지의 모습을 만들어 파괴하기 시작했다. 미술 재료는 이 아이에게 신체적 그리고 구체적 방법으로 분노를 분출할 기회를 주었다. Tim은 공격자를 넘어 지배감을 얻는 카타르시스적 시도로 아버지의 이미지를 반복적으로 두들기고 훼손했다. 이 에피소드 또한 부모화된 아이로서의 역할 속에서 Tim이 어머니를 보호하려는 그의 환상을 표출함에 따라 위기 역동을 재연하였다.

이 동일한 미술 개입은 또 다른 방법의 정서 표현을 도왔는데, 그 이유는 Della가 어머니에게 자신의 점토로 자기 이미지([그림 2-3] 오른쪽)를 만드는 데 도움을 요청했기 때문이다. Emilia가 자

[그림 2-2] Tim의 카타르시스

[그림 2-3] Emilia와 Della의 자기 이미지 발달

신의 조형물에 집중하느라 돕기를 거절하자 Della는 화나고 실망
했다. Della의 어머니는 딸이 자신에게 얼마나 의존할 필요가 있
었는지 경각심을 가지게 되었고, Della는 그런 어머니에게 자신의
감정을 전달하는 데 도움을 받았다. Emilia는 모성애에 대한 양가
감정을 또 다른 고통스러운 인식으로 직면하였다. 다시 한번 정서
표현은 인지적 이해를 강화시켰다.

이전 대처 기제의 탐색과 문제해결을 통한 적응 대처의 촉진

네 번째 회기에서 Della와 Tim은 부모가 되는 것이 어떤 것인지
그리고 아이가 되는 것이 어떤 것인지를 묘사하도록 요청받았다.
이 개입은 가족 내 역할 변화에 대한 그들의 양가감정을 탐색하는
것이 목표였다. 또한 과거와 현재 대처에 대한 조사도 포함되었다.

Della의 콜라주([그림 2-4]) 오른쪽에 있는 이미지에 주목하라.
그녀는 자신을 아기 같은 어머니의 부모(의사)로서 동일시했다. 이
부모가 떠나면 어떻게 되겠느냐는 질문에 그녀는 아기가 죽을 것

[그림 2-4] 역할 변동에 대한 Della의 양가감정

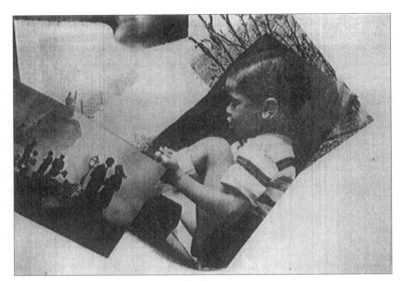

[그림 2-5] 아버지의 신발을 채우려는 Tim의 노력

이라고 대답하였다. 이 말을 들은 Emilia는 아기가 울기는 하겠지만, 혼자라는 것을 깨달았을 때 스스로를 도울 것이라고 끼어들었다. 그녀는 딸의 부모라는 새로운 역할로 살아남고 성공하겠다는 것을 딸에게 계속 안심시키려고 했다. 이 경우, 미술은 부모화된 역할을 포기하면 어머니를 온전히 잃게 되는 것에 대한 Della의 두려움을 분명하게 드러냈다. 그림이나 사진 이미지와 연상에 영향을 받은 Emilia는 Della와 함께 부모로 참여하고 싶은 자극을 받았다. 그러므로 과거와 현재의 대처는 미술 개입을 통해 밝혀졌다.

[그림 2-5]는 Tim의 콜라주를 통해 어린 아이라는 그의 인식을 자세하게 보여 준다. 어린 소년이 거대한 신발 끈을 묶고 있는 것에 주목하라. 이 신발이 누구의 신발일지 물었을 때, Tim은 그의 아버지 신발로 동일시했다. 이것은 아버지의 신발을 채우려는 시도에 의해 Tim의 어린 시절 경험이 어떻게 지배되었는지에 대한 토론으로 이어졌다. 몽환적인 이 이미지가 신발의 대부분을 어떻게 감싸

는지를 관찰하라. 우리가 말했듯이 Tim은 자신의 부담을 줄일 수 있는 부모에 대한 소망을 밝히면서 이 이미지를 추가했다. 과거와 현재 대처에서 그의 분투는 미술작품에서 분명하게 드러났다.

예측 계획

앞으로 있을 두 가지 사건은 Z 가족에게 예측 계획―치료 종료(다음 회기는 6회 중 마지막 회기가 될 것)와 Z 씨와의 면접교섭 지침을 결정하기 위한 법정 심리―을 위한 중요한 자료를 제공하였다.

첫째, 가족은 이 치료사에게 작별인사를 한 후 어떤 기분일지에 대하여 그려 달라고 요청받았다. 그들의 그림은 미래에 대한 슬픔과 희망을 모두 드러냈다. Emilia는 지지를 잃고 자신의 강점에 의지해야 하는 두려움이 구체화된 그녀의 슬픔을 알아차릴 수 있었다. 이 상실을 예측하는 것은 Emilia가 자신의 두려움을 이야기하고 자녀들의 비슷한 불안을 인정하는 데 도움이 되었다. 그녀는 자신이 아이들의 보호자로 남아 있을 것이라는 것을 자녀들에게 안심시킬 수 있는 권한을 가졌다.

아이들이 아버지와 마주하게 될 법정 심리에 대한 감정 탐색에서도 비슷한 역동이 나타났다. Tim은 당황하였고 우주선을 타고 날아가서 Z 씨로부터 엄마와 누나를 구출하는 환상을 그렸다. 그는 종이를 잘게 찢어서 그림을 완성했다. Tim의 예측 그림은 아버지를 물리치려 했으나 허사가 되었던 원래의 급격한 위기를 매우 닮았다.

Emilia는 아들의 투쟁을 보면서 아들과 딸을 보호하는 책임을 지겠다고 말함으로써 개입할 수 있었다. 예측 계획이 Z 가족의 미술작품에 그림으로 드러난 정서에 촉매 작용하여 새로운 대처를 연습하는 수단이 되었다.

[그림 2-6] 부모화된 역할의 분투

이득의 요약

마지막 회기가 시작될 때, Della는 자발적으로 그림을 그렸고
([그림 2-6]), 가족에게 치료에 대한 유력한 견해를 제공했다. 그녀
는 뻣뻣하고 손을 떠받들고 그리고 비어 있는 스타일리시한 소녀/
여성을 조심스럽게 연출하기 시작하였고, 그것은 자신에 대한 그
림이었다고 말했다. 이 형상은 몇 살로 보이느냐는 질문에 '자신의
나이(8세)'라고 대답하였고, Emilia는 이 형상이 자신(20세 후반)과
더 닮았다고 말했다. Della는 자신의 그림에서 부모화된 분투를
볼 수 있었다. 그 형상이 무엇을 향해 손을 내밀고 있느냐고 묻자,
Della는 공이라고 덧붙였고 아이를 상징하고 싶은 욕구를 드러내
며, 놀고 싶다고 말했다.

마지막 미술 개입은 Emilia에게 주도적인 역할을 맡아 가족 그
림([그림 2-7]) 그리는 아이들을 지도해 줄 것을 요청했다. Emilia

의 풍경은 왼쪽 반을 채웠고, 반면 아이들은 이러한 어머니가 자녀들과 함께 성인 역할을 맡는 것에 대한 진전을 반영하면서 화지의 나머지 부분을 공유하였다.

Dalla의 소녀/여성상과 가족 그림은 치료에서 가족 경험을 간결하게 요약하였다. 그들은 아직 취약한 균형이지만, 6주에 새롭게 도달했다. 그들은 새로운 가족 구조의 전환을 협상했다. Emilia는 어머니로서 자기 주장을 펴기 시작했고, 아이들은 보호를 받기 위해 조심스럽게 어머니를 쳐다보기 시작했다. 미술치료는 그들에게 위기의 의미를 이해하기, 그들의 감정을 표현 및 동일시하기 그리고 서로에 대해 새로운 방식으로 대처하고 관여하는 것을 인정하기 등에 독특한 접근을 제공하였다.

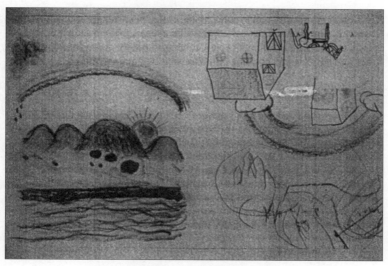

[그림 2-7] 권한을 부여받은 Emilia

J 가족

사례 발달사

30대 후반 남성인 Lou는 12세 난 딸 Eve와 함께 클리닉에 도착
했다. Lou와 그의 아내는 Eve의 어머니가 양육권을 보유한 채 Eve
가 3세 때 이혼했다는 간략한 발달사가 드러났다. 어머니는 5년
후 재혼하였고(Eve는 양아버지에 대한 두려움과 증오를 표현하였다),
Lou는 내내 Eve와의 면접교섭을 유지해 왔다. 치료 5개월 전, Eve
의 어머니는 Eve와 의붓아버지의 관계가 점점 더 나빠지면서, Eve
를 Lou와 함께 살게 하는 데 동의했다. Eve는 치료받기 한 달 전까
지만 해도 아버지 집에서 잘 지냈지만, 또래들이 자신에게 못되게
굴었다고 주장하며 등교를 거부하기 시작했다. 그녀는 계속 무단
결석을 하여 집에서 학교 공부를 마쳤다.

그 위기는 치료 5일 전에 Lou와 그의 전 부인이 Eve의 복학을 주
장하기 위해 하나의 부모팀(parental team)으로 일하기로 결정했을
때 갑작스럽게 발생하였다. Eve의 어머니는 Lou의 집에 왔고, 두
부모는 성난 저항을 불러일으키는 딸과 정면으로 부딪혔다.

그 사이에 Eve는 가족제도의 일련의 혼란스러운 전환을 불러일
으킴으로써 대처했다(장기적인 가족 문제를 해결하기 위한 무의식적
인 노력에서). 즉, 다급한 위기 후 다음 날 경미한 자살 시도가 어머
니 존재를 다시 이끌어 냈고 Eve가 어머니와 함께 살기 위해 돌아
간다는 부모의 결정을 촉발시켰다. Lou는 Eve를 위해 전 부인에게
책임을 전가하는 것으로 대처했다.

Lou는 전 부인(마지막 접촉)에게 Eve가 다시 아버지와 살기로 결
심했다고 하는 전화를 받은 후, 클리닉에 오기로 결정하였다. Eve

는 이틀 후에 어머니와 함께 돌아왔다. Eve는 의붓아버지와의 싸움으로 인해 이러한 결정을 하였다.

위기 공식화

Eve를 아버지의 집으로 돌려보내기로 한 결정은 평상시 책임을 포기하는 Lou의 대처 대응과는 상반되었다. 그는 부모로서의 실패 감정 그리고 가족과 자신을 어떻게 연관시킬 것인가에 대한 양가감정에 다시 직면하였다. 본질적인 차원에서, Lou의 위기는 자신의 삶을 조절하는 것에 대한 두려움에 근거를 두고 있었다.

Eve의 위기는 안심되고 안전하다고 느낄 수 있는 가정을 찾기 위한 성공적이지 못한 탐색으로 공식화되었다. 가족을 개조하려는 그녀의 시도에는 정상적인 성장을 방해하는 부모의 삶을 책임지는 것도 포함되었다. Eve의 주된 대처 행동(학교 출석 거부, 자살 시도)은, 동맹을 맺어 부모가 재회하고 부모의 재결합에 대한 근본적인 환상을 계획하기 위해 일시적으로 이루어졌다.

가족 위기는 계층적 경계의 침범에 대한 측면으로 공식화되었다. Lou와 그의 전 부인은 부모로서 또는 독립된 개인으로서 문제 해결을 성공적으로 할 수 없었다. 이러한 책임은 위기를 불러일으킴으로써 자신의 방식으로 엄청난 노력을 수행했던 Eve에게 (무의식적으로) 맡겨졌다.

미술치료와 치료

위기 역동의 인지적 이해

Lou와 Eve는 치료 도입으로 혼란을 촉발시키는 일련의 사건을 묘사함으로써 첫 번째 회기를 시작했다. 처음에 Eve는 이 소란의 근거로 등교 거부를 인정하게 되었다. 그녀의 그림([그림 2-8])은 위기의 핵심 역동과 아버지의 위기에서 중요한 부분도 드러내면서 이러한 의식적인 설명을 우회하였다. 그녀의 부모가 적에서 동맹(위기 촉발 전과 후)으로 변모한 것을 묘사하는 것은 부모의 재회를 위한 기저의 소망을 분명하게 표현하였다. 이 이미지로 촉발된 토론은 Eve의 아버지가 어머니와의 관계—Eve의 재결합 환상을 선동했던 양가감정—에 대하여 분명하지 않았던 것을 드러냈다. 따라서 Eve의 간단한 그림은 아버지와 딸에게 위기를 인지적으로 파악하게 해 주었고, 그들을 둘러싼 혼돈으로 전환하면 빠지는 위험을 피하도록 도왔다.

[그림 2-8] 부모의 재결합에 대한 Eve의 소망

위기와 관련된 정서의 동일시와 표현

두 번째 회기 동안에, Lou와 Eve는 각각 그들의 가족에 대해 어떻게 느꼈는지를 잡지 콜라주 그림 2개를 선택하여 묘사하도록 요청받았다. [그림 2-9]는 Lou의 우울, 불안 그리고 혼란이 은유적으로 표현된 사고 자동차의 잔해와 짙은 안개를 묘사했다. 기록된 그의 코멘트 내용은 다음과 같다. "지금 매일 지속적으로 알려지지 않은, 안개가 자욱하고 모든 것을 통제할 수 없고 혼란으로 가득 차 있는 것 같습니다. 우리의 상황에서 행복을 찾는 것은 매우 어렵습니다." 1회기의 드러냄을 이용하여, 나는 Lou가 안개(그의 두려움과 양가감정)를 이용해 혼란을 영속시켜 근본적인 문제들을 회피함으로써 어떻게 습관적으로 대처했는지 탐색하는 것을 도왔다. Lou는 자기정의의 결여로 인해 그는 겁이 나서 조절할 수 없었다는 것을 느꼈다는 것을 명료화할 수 있었다.

미술 개입에 대한 Eve의 반응은 지친 작업 말(workhorse)이 무거운 기계를 끌고 가는 이미지를 보여 주었다. 이 동물과 동일시함으로써, Eve는 슬픔과 절망의 감정을 표현할 수 있었다. Eve가 끌고 있던 짐은 결국 부모의 미해결된 이혼의 무거운 부담이라고

[그림 2-9] 자신의 안개 속에 숨은 Lou

Eve와 아버지는 인식하게 되었다.

이전 대처 기제의 탐색과 문제해결을 통한 적응 대처의 촉진

이전 회기에서 논의된 미술 개입은 Lou와 Eve가 가족에게 대처했던 방법을 끌어내고 조명하는 이중적인 목적으로 제공되었다. 그들의 은유(Lou의 안개와 Eve의 작업 말)에서 자신에 대하여 많은 것을 발견하였기 때문에, 다음 미술 개입은 적응 대처를 촉진하기 위하여 같은 은유를 사용했다.

Lou에게 안개가 걷히면([그림 2-10]) 무엇이 나타날지를 설명하는 잡지 콜라주 이미지를 선택하도록 요청했다. 그가 쓴 내용은 다음과 같다. "여전히 어떤 것이 탁하게 보이긴 하지만, 지난 몇 주 동안의 안개를 통해 모든 상황이 분명해지고 길이 트이기 시작했다. 목적이나 욕망은 길을 닦고 앞의 빛을 보는 것이며, 내게는 Eve, 그녀의 어머니 그리고 전반적인 삶을 다루는 데 있어서 명료성을 상징화하는 것이다." 미술 과정을 통해 Lou는 자신의 보호적인 안개를 걷어 올리는 데 위험을 무릅썼고 자신이 선택의 여지가 있다는 것을 깨닫기 시작했다. 더 중요한 것은 Lou가 자기 삶의 책임에 대한 갈등에 직면했던 것이 주요 선택임을 깨달은 것이다.

Eve는 만약 작업 말들이 마구에서 풀려난다면 무엇을 할지 묘사하기 위해 콜라주 이미지를 사용하도록 요청받았다. 그녀의 이미지는 거칠고 자유롭게 달리는 기쁨을 묘사했다. 딸의 미술작품에 영향을 받은 Lou는, 자신의 짐을 부여하는 데 어떻게 무의식적으로 Eve를 이용했는지에 대해 깊은 인식을 갖게 되었다. Eve의 '제멋대로 날뛰고' 싶은 욕망은 적절한 제한 내에서 자유에 대한 논의를 촉진하였다. Lou는 Eve에게 잘 자랄 수 있는 안전한 구조

[그림 2-10] 더 명확하게 보기 시작한 Lou

를 제공해 줄 것을 요구했던 아버지로서의 역할을 파악하기 시작
했다.

예측 계획

Lou와 Eve는 두 회기를 놓쳤기 때문에, 우리가 위기 해결안과
종결 수립에 한 회기만 더 남아 있었다. 이러한 욕구를 충족하기
위해, 나는 몇 가지 예측 계획과 문제해결 촉진으로 생각했던 미술
개입을 사용했다. Lou와 Eve는 가족 상황에 대한 그들의 선택을
정의하기 위해 그림이나 콜라주를 사용하도록 요청받았다. 나는
그들이 다른 길의 끝에서 찾을 수 있는 선택을 시각화할 것을 제안
했다.

이러한 개입은 Lou가 변화([그림 2-11])에 영향을 미치는 그의
잠재력을 '가능성화'(Carnes, 1979) 할 수 있었기 때문에 문제해결
의 돌파구를 촉진하였다. 버튼을 누를 태세인 손가락에 집중된 이
미지는 Lou가 자신의 삶(그림 설명에는 "버튼은 눌러야 하고, 올바른
것은 큰 차이를 만들 수 있다."라고 쓰여 있다)에 책임지는 것에 대한

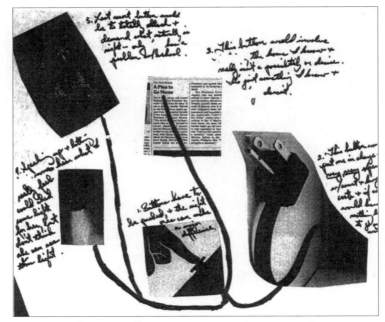

[그림 2-11] 변화를 위한 잠재력 '가능성화하기'

갈등을 나타낸다. 그의 선택이 버튼을 누르는 능력에서 어떻게 은
유적으로 나왔는지에 주목하라.

　콜라주는 Lou가 손전등을 강하게 움켜쥐고 있는 모습에서 보
듯이 자기 주장이 가능하게 해 주었다. 그림 설명에는 "내가 진심
으로 느끼는 것을 크게 말해서 Eve 엄마에게 들리도록 하는 것은
빛을 좀 비출 수 있을 것 같다……."라고 쓰여 있다. 그는 또한 그
의 개인적인 힘(그림 설명에는 "이 버튼을 누르면 내가 책임질 수 있
다……."라고 쓰여 있다)을 얻기 위해, 잠재력과 단절감을 반영하는
플러그의 은유를 통해 자신을 볼 수 있었다.

　마지막으로, 사나운 뱀장어의 은유를 통하여 Lou는 마침내 자
신을 공격적으로 통제하는 모습을 시각화할 수 있었고 분노의 일
부를 표현할 수 있었다.

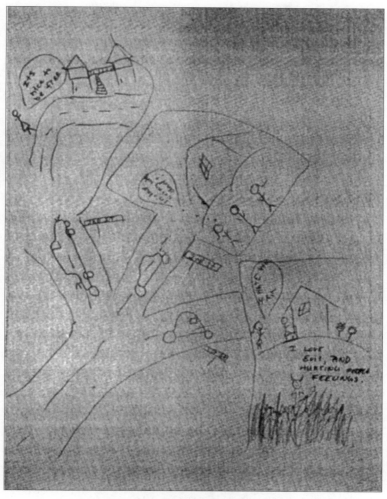

[그림 2-12] 자신의 선택을 탐색하는 Eve

[그림 2-12]는 세 가지 선택을 묘사했던 Eve의 그림을 나타낸
다. 오른쪽 하단의 길은 그녀를 의붓아버지(악마처럼 그려진)와의
화난 대립으로 내몰고, 가운데 길은 그녀를 아버지에게 돌아가게
이끌고, 왼쪽 상단 길은 의붓아버지 없이 두 사람이 살 수 있도록
Eve의 어머니에게 그녀를 인도한다. 이 마지막 길은 Eve가 가장

원하는 선택이었지만, 이 길은 고속도로에서 단절되었기 때문에 그녀가 얼마나 이 선택에 접근하기 어려웠는지 알 수 있었다. 이러한 관찰의 맥락에서 Eve는 의붓아버지를 쫓아냄으로써 어머니를 보호하고자 하는 그녀의 소망을 처음으로 분명하게 알아차릴 수 있었다. 그녀의 그림은 그녀가 어머니의 삶을 책임질 수 없다는 것과 이 선택은 달성할 수 없었다는 것을 알아차리도록 도왔다.

이 미술 개입은 Lou와 Eve가 다가올 실제 상황에 어떻게 반응할지 예측하면서 그들의 선택을 명확히 하는 것을 도왔다.

이득의 요약

우리에게 주어진 제한된 시간에서, 나는 이득을 요약하는 수단으로서 Lou와 Eve의 미술작품을 검토할 것을 제안했다. 이는 Lou의 순차적인 콜라주([그림 2-9], [그림 2-10], [그림 2-11])가 그의 은유적 전환을 명확하게 보여 주었기 때문에 Lou에게 강력한 강화제로 제공되었다. 처음에 안개로 둘러싸였지만, 그는 시야를 확보했고 마침내 그 빛을 연출함으로써 자신을 보았다([그림 2-11]에서 손전등을 단단히 들고 있는 손의 이미지를 주목하라). 비록 그가 행동을 취하는 것은 여전히 갈등적이었지만, 그는 개인으로서 그리고 아버지로서의 자신을 책임질 수 있는 가능성에 대해 언급했고 개인적인 문제의 인지적 이해도 획득하게 되었다.

자신의 작품을 검토하면서 Eve는 부모님을 돌보는 것에 얼마나 몰입했는지에 충격을 받았다. 누적 효과는 그녀가 정상적인 청소년 발달에 참여하지 못하는 상실을 느꼈기 때문에 이 열두 살 아이를 괴롭혔다. 이것을 목격한 Lou는, Eve에게 그녀의 부모화된 부담을 덜어 주려는 결심을 굳혔다.

결론

미술치료는 인지적 이해의 성취를 강화하고, 관련된 정서의 표현, 이전 대처 기제의 탐색, 문제해결을 통한 적응 대처, 예측 계획 그리고 개입 과정에 발생한 이득의 요약을 가족 위기 개입에 매우 귀중한 요소로 입증하였다.

시각적 이미지는 근본적인 위기 역동을 드러내고 언어적 탐색에 사용할 수 있도록 하는 데 강력하게 작용하였다. 특별한 의미는, 여러 중요한 조사 영역을 동시에 촉발할 수 있는 미술 양식의 비범한 능력이 특히 중요했다. 흔히 단일 미술 표현은 인지적 이해, 정서적 이완 그리고 대처 기제를 탐구하는 수단을 획득하기 위해 창조자를 돕는다. 이러한 내용의 압축은 위기 해결의 과정을 가속화시켰고, 시간이 가장 필요한 가족 위기 개입의 소중한 자산이 되었다.

📖 참고문헌

Aguilera. D. C., & Messick, J. M. (1986). *Crisis Intervention: Theory and Methodology*. St. Louis: C. V. Mosby.

Bonnefil, M. C. (1980). Crisis intervention with children and families. In G. F. Jacobson (Ed.), *Crisis Intervention in the 1980s* (pp. 23-35). San Francisco: Jossey-Bass.

Bonnefil, M. C. & Jacobson, G. F. (1979). Family crisis intervention. *Clinical Social Work Journal, 7*(3), 200-213.

Carnes, J. J. (1979). Toward a cognitive theory of art therapy. *Art psychotherapy, 6*, 69-75.

Guilliland, B. E., & James, R. K. (1988). *Crisis Intervention Strategies*. Belmont, CA: Wadsworth.

Horowitz, M. J. (1971). Graphic images in psychotherapy. *American Journal of Art Therapy, 10*(3), 153-162.

Jacobson, G. F. (1980a). Crisis theory. In G. F. Jacobson (Ed.), *Crisis Intervention in the 1980s* (pp. 1-11). San Francisco: Jossey-Bass.

Jacobson, G. F. (1980b). Editor's notes. In G. F. Jacobson (Ed.), *Crisis Intervention in the 1980s* (pp. #ii-ix). San Francisco: Jossey-Bass.

Landgarten, H. B. (1987). *Family Art Psychotherapy: A Clinical Guide and Casebook*. New York: Brunner/Mazel.

Lindemann, E. (1944). Symptomatology and management of acute grief. *American Journal of Psychiatry, 101*, 141-148.

Morley, W. E. (1980). Crisis intervention with adults. In G. F. Jacobson (Ed.), *Crisis Intervention in the 1980s* (pp. 11-23). San Francisco: Jossey-Bass.

Staunton, A. (1982). Art therapy adapted to crisis intervention with adult outpatients. Unpublished thesis. Loyola Marymount University, Art Therapy Department, Los Angeles.

Strickler, M., & Bonnefil, M. (1974). Crisis intervention and social casework: Similarities and differences in problem solving. *Clinical Social Work Journal, 2*(1), 36–44.

Strickler, M., & La Sor, B. (1970). The concept of loss in crisis intervention. *Mental Hygiene, 54*(2), 301–305.

Umana, R. F., Gross, S. J., & McConville, M. T. (1980). *Crisis in the Family.* New York: Gardner Press.

Wadeson, H. (1980). *Art Psychotherapy.* New York: John Wiley.

제3장

한부모 가족
미술치료

Susan Brook

　이 장은 한부모 가족의 문제와 미술치료 처치를 탐구한다. 특히 그들은 약화된 경계에 취약하기 때문에 이러한 가족 내 세대 경계에 영향을 미치는 미술 과정의 이용에 초점을 맞출 것이다. 이러한 경계는 각 세대의 역할과 기대를 정의하는 부모와 자녀 간의 한계이다. 부모의 집행 역할은 대개 가족을 위한 의사결정과 규칙을 만들고 유지하는 기능을 가진다. 또한 부모는 아이들의 성장을 위해 안전한 집을 제공하고 양육할 책임이 있다. 한부모 가족에서 아이들은 한 부모를 상실한 것뿐만 아니라 이전의 사회경제적 지위를 잃은 것 때문에도 고통을 받는다. 한 부모의 책임은 두 배 이상 증가하며, 이는 나머지 집행체제의 약화, 나아가 가족 구성의 붕괴로 이어질 수 있다.

　한부모 가족은 비교적 최근의 현상이다. 이름조차 새롭다. 최근까지 이혼한 가정의 아이들은 '망가진 가정' 출신이라고 불리며 마음속에 부서진 서까래, 벽, 굴뚝의 영감을 주는 이미지를 심어 왔다. 아마도 이 망가진 가정의 이미지는 사회가 이혼한 가족을 어떻게 바라보는지에 대한 정확한 은유일 것이다. 대개의 부모는 자녀를 위한 안전하고 양육적인 가정을 유지하지만, 한 부모는 더 이상 그렇게 할 수 있는 수단이 없다. '망가진 가정'은 한 부모가 이끄는 가정을 말하며, 온전한 가정과 같은 사회적 · 경제적 · 가족적 · 정서적 지지를 거의 갖지 못한다. 지난 20년 동안 수용된 용어인 '한부모 가족'은 모든 사회경제적 계층을 가로지르는 급격한 이혼율의 증가를 반영한다.

미국 아이들 가운데 절반 가까이가 한부모 가정에서 상당한 시간을 보낼 것으로 추정되며(Bane, 1976), 이들 가정의 90%가 여성이 이끈다고 한다(Wallerstein & Blakeslee, 1989). 그러나 이러한 인식에도 불구하고 새로 지정된 이 단위에 대한 강한 부정적 함축이 여전히 존재한다. 『페미니스트 가족치료(Feminist Family Therapy)』(1988)에서, Goodrich, Rampage, Ellman과 Halstead는 양육권을 가지는 부모를 선택한 남성은 영웅으로 간주되고, 모든 것을 할 의지와 능력에 대해 존경받는 반면, "싱글맘은 실패자로 비춰지는데, 때로는 불쌍하지만 오히려 이런 입장에 서게 된 것에 더 자주 비난을 받는 못 미더운 인물"(p. 64)로 기록하고 있다.

현대 여성이 어머니와 직업여성으로 역할의 균형을 잡는 데 어려움을 겪고 있다면, 한 부모가 된 싱글맘은 배우자의 도움 없이, 종종 재정적인 안정 없이 그리고 사회가 거의 지원하지 않는 상황에서 이러한 역할의 균형을 맞추는 것이 훨씬 더 어렵다는 것을 알게 된다. 아이가 학교에서 갑작스럽게 병원에 가야 할 때, 어머니가 직장에 지쳐서 가족과 함께 저녁을 먹거나 숙제를 확인해 줄 수 있는 에너지를 갖기가 힘들다는 것을 때때로 발견하게 된다. 치료사는 싱글맘이 효과적인 부모가 되는 데 필요한 정서적 자원 부족으로 인해 나약하거나 비효과적으로 보일 수 있는 것에 조바심을 가질 수 있다(Morawetz & Walker, 1984; Goodrich et al., 1988).

한부모 가족은 이 연구가 이루어진 지역 정신 건강 클리닉에서 제시하는 가장 흔한 가족 구성이다. 이들 가정의 대부분은 장기적이고 통찰력 있는 치료에 소요되는 시간이나 돈이 거의 없다. 다음의 사례들은 한부모 가정의 어려움을 보여 준다. 두 자녀의 젊은 어머니가 여섯 살 난 아들이 걱정돼 클리닉에 전화를 건다. 그는 매우 밝지만 선생님의 말을 듣지 않는다. 어머니는 미성숙하고 항상 아이들에게 일관된 롤 모델은 아니지만, 아들의 행동에 대해서는 자상하고 헌신적인 태도로 응대해 왔다. 그들의 일과 학교 스케줄 때문에 가족이 함께 볼 수 있는 시간대를 찾는 것은 거의 불가능하다. 합의된 이른 저녁 시간은 네 살짜리 딸에게는 대부분 너무 늦고 그때쯤이면 가족도 지친다. 게다가, 이런 가족은 대개 기관에서 왔다 갔다 하는 인턴이 지역 정신 건강 클리닉에서 담당하고 있으며, 장기 치료를 위한 기금은 거의 없다. 그러므로 치료사가 이러한 아이(그리고 그와 같은 수천 명)를 돕기 위해서는, 한부모 가족의 치료 한계와 현실 모두를 인식해야 한다.

한부모 가족에 관한 문헌은 암울한 미래를 제시한다. Wallerstein과 Blakeslee(1989)는 이혼 후 삶의 질이 향상되었다고 보고하는 가족이 절반도 안 된다고 주장한다. 지난 15년 동안 한부모 가족을 추적 조사한 결과, 역기능적인 방식으로 행동하는 자녀는 공포, 불안 및 우울을 억제할 수 있는 강한 부모를 맹목적으로 따르는 것을 보여 준다. 여성인 한 부모는 대개 자신의 정체성을 찾고 있다. 그녀는 재정적 지위, 배우자 지위, 우정 및 남편의 친척에 의한 가족적 지원을 포함한 수많은 손실로 시달릴 가능성이 높다(Wallerstein & Blakeslee, 1989).

한부모 가족과의 작업과 관련된 문제는 세 가지 주요 범주로 나눌 수 있다. 부모가 당면한 문제, 자녀들이 당면한 문제 그리고 이러한 문제를 다루기 위한 치료가 그것이다. 새로이 한 부모가 된 부모에게 있어서 결혼생활이 아무리 끔찍했어도, 유대의 상실은 무서울 수 있다. 배우자들은 거의 항상 관계의 상실 또는 적어도 그 관계가 어떻게 되었을지에 대한 꿈의 상실을 강한 슬픔으로 경험한다. 그러나 그들은 종종 강하게 대처해야 한다고 느끼며 스스로에게 애도에 대한 사치를 허용하지 않는다.

그 후 이 미해결된 슬픔은 자기가치가 공격받는 가운데 더 심각한 우울증 문제로 발전할 수 있다. 이러한 가족의 자녀는 부모의 욕구를 감지하고 세대의 경계를 무너뜨리며 '잃어버린 파트너'가 되려고 부적절하게 시도한다. 이런 위치에 있는 어머니는 어린 자녀가 자신과 동일시되기를 바라며 그 자녀를 더 가까이 끌어당기거나, 또 다른 극단에서는 한 자녀를 전 배우자와 동일시하고 이런 아이, 특히 아들에게 모든 분노를 터뜨릴 수도 있다. 어머니가 깊은 우울증에 빠지는 동안 자녀들은 불안해지고, 자녀의 불복종에 어머니가 적극적인 자세를 취하면서 품행이 나빠지게 된다(Fulmer, 1983; Weiss, 1976).

한부모 가족은 종종 큰 재정적 문제에도 당면해 있다. 대부분 양육권을 가지는 부모는 이혼할 때 생활수준이 떨어지는 여성이다. 도와줄 사람이 없을 때 일하는 것만으로도 큰 문제가 될 수 있다. 종종 어머니와 자녀들은 어머니의 부모에게 재정적 지원을 의존하는데, 만약 어머니의 부모가 원래 결혼에 반대했다면 심지어 의존을 부추길 수 있다. 그것 또한 어머니의 성인 역할에서 안전감을 느낄 필요가 있는 바로 그 순간에 어머니의 능력감을 약화시킬 수 있다(Kaplan, 1977).

한부모 가정에서 가족의 체계화 부족은 또 다른 현실적인 문제를 야기할 수 있다. 종종 한부모 가족의 혼란스런 삶에 의해 제기된 어려움은 경제적 어려움, 직업적 우려 및 체계적이지 못한 가정 유지로 인해 더 복합해질 수 있다.

여성은 새로운 가족 단위에서 적절한 일과를 정하고 규칙을 정하는 데 있어서 가장 어려움을 겪는 것 같다. 온전한 가정에서 규칙을 정하는 것은 종종 '남자의 일'이었다. 양육권을 가진 싱글대디도 양육과 '어머니 역할'을 채우려는 새로운 욕구 때문에 어려움을 겪는다. 불행하게도 부모는 거절하지 못하고, 아이는 더 많은 것을 요구하고, 부모는 죄책감을 느끼고, 아이는 부모의 권위를 어기고, 부모가 점점 더 무력해지고 있다고 느끼는 순환은 대개 시간이 지날수록 나아지지 않는다.

이때 한 부모 자신의 욕구도 고려해야 한다. 이혼한 어머니는 종종 고립되고 새로운 삶의 욕구로 인해 과도한 부담을 느낀다. 만약 어머니가 이러한 욕구를 충족시키기 위해 데이트를 시작한다면, 새로운 문제가 발생한다. 아이에게 가장 중요한 고려사항은 어머니의 새로운 관계로 거부되거나 유기당한다고 느끼는 그들의 취약성이다.

아이의 요구와 문제는 한 부모의 것들만큼 강력하지만, 분리하여 고려해서는 안 된다. 가장 흔히 있는 일이지만, 아이는 이런 경우 학교에서 버릇없이 굴고, 이것이 걱정스러운 싱글맘은 '문제해결하는' 치료사를 만나기 바라면서 아이를 치료하기 위해 끌고 간다.

자녀들에게 가장 강력한 첫 번째 문제는 부모의 상실, 삶의 터전 상실, 종종 가정, 학교, 이웃 친구의 상실이며, 가장 나쁜 것은 부모의 양육 능력 상실이다. 자녀, 특히 어린 자녀는 보통 문제가 많은 결혼생활 동안 부모의 사랑과 애정을 받는 사람이다. 이혼으로 분리될 때, 양육권을 가지는 부모는 종종 우울하고 무용지물이 된다. 그 결과, 가장 어린 자녀가, 한 부모는 이혼으로, 한 부모는 우울증으로 양쪽 부모의 상실로 고통받는다.

한부모 가족의 또 다른 심리적 요인은 자녀와 부모가 서로에게 점점 더 의존하게 되는 것이다. 아이는 한 명의 부모에게 안전을 덜 느끼고, 그 부모 역시 어떻게 해서든 그들을 버리고 떠날까 봐 걱정한다.

이미 인용된 연구는 이혼 가정의 자녀들이 온전한 가정의 자녀들보다 더 적대적이고, 공격적이며, 자기 통제력이 부족하고, 산만하며, 가정과 학교 모두에서 도움을 필요로 한다는 것을 보여 주었다. 또한 이혼한 부모에게서 무능감, 불안, 우울, 유기를 입증하였다. 이러한 감정은 시간이 지날수록 좋아졌지만, 개선의 정도는 한 부모의 지원 시스템에 따라 달라진다(Hetherington, Cox, & Cox, 1978).

한부모 가족과의 작업에 관한 문헌은 한정되어 있는 반면, 단순한 구조적 치료는 이용 가능한 연구에서 선택적인 치료요법인 것 같다(Morawetz & Walker, 1984). 그 문헌은 싱글맘이 직면하고 있는 문제와 그 결과로 가정의 혼란스러운 생활양식에서의 문제를 강조한다(Morrissette, 1987).

한부모 가족에서의 개입은 현재 양육권을 가지는 부모로만 구성되어 있는 행정 시스템의 강화를 강조한다. 구조적 치료는 종종 가족체계의 불균형으로서 이혼을 제시하는 연구에서 강조된다. 가족치료는 집행부모(남아 있는)에 특별히 중점을 두고 체계를 재정비하고 재조정하는 것이 적절하다(Kaplan, 1977; Rosenthal & Hansen, 1980).

비록 많은 저자가 한부모 가족에 대한 접근으로 구조적 치료를 논의하지만, 오직 Glenwick과 Mowrey(1986)만이 이러한 가족에서 독특한 문제를 제기하는 세대 간 경계를 구체적으로 고찰한다. Minuchin(1967)이 서술한 바와 같이, 경계의 모호함은 다음과 같은 특징을 가진 많은 가족에 대한 정확한 평가이다. 일반적으로 어머니와 함께 사는 후기 잠복기 아동, 부모 역할에 대한 어머니의 포기, 어머니가 또래/파트너 기능을 하는 부모−자녀 관계가 그것이다.

치료는 어머니가 부모 역할로 돌아가 갈등을 해결하도록 돕고, 자녀에게 좀 더 연령에 맞는 감정을 표현하도록 허용하고, 부모−자녀 의사소통을 수정하는 것을 포함한다. Minuchin과 Fishman(1981)은 부모의 역할을 포기하는 어머니를 언어적으로 부추기는 아이가 얼마나 영리한지를 서술한다. 지친 어머니는 종종 자신의 개인적인 문제를 폭넓게 듣는 능력을 보여 주는 아이의 '가짜성숙(pseudo-maturity)'에 속아 넘어간다. 메시지는 종종 "우리는 함께 있어, 꼬마야."이며, 일반적으로 아이는 부재이며, 과잉보호를 제외한 밀착된 모−자의 경계를 나타낸다.

문제는 어머니 자신의 필요에 따라 이러한 어머니의 퇴행은 종종 준비되지 않은 아이를 거짓성인기로 이끈다는 것이다. 어머니는 종종 자신의 감정과 소원을 표상하는 진술로, "Johnny는 아버지를 보고 싶어 하지 않아요." 또는 "Mary는 혼자 있는 것을 개의치 않아요."라고 치료사에게 말하면서 자신의 태도를 아이에게 투사할 수도 있다. 경계의 모호함은 데이트 중이거나 또는 학교에 있을 때나 모두 경쟁적인 어머니/딸 관계에서 보통 부가적인 긴장과 경쟁을 유발한다.

모든 한부모 가정을 괴롭히는 이러한 문제들로 볼 때, Weltner(1982)는 치료 접근의 우선순위를 촉구한다. 주로 그는 집행 체계 기능을 지원하고 세대 경계를 구축하거나 강화하려고 노력한다.

첫 번째이자 지속적인 과제는 궁지에 몰리고 지친 부모를 지원하는 것이다. 다른 모든 개입은 강력한 집행자 역할의 창출에 달려 있으며, 이 목표는 끈질기게 추구되어야 한다. Weltner는 이를 개별 심리치료에서의 자아강도에 비유한다. "자아가 충분히 온전할 수 있는 곳에서 대립과 해석이 개인을 강하게 하고 성장을 뒷받침한다. 그러나 약한 자아로는, 이러한 동일한 개입은 퇴행과 더 나아가 분열을 초래할 수 있다."(p. 209) 그때 한 부모를 강화하는 것은 모든 개입의 중심 초점이다.

세대 경계의 확립은 Weltner(1982)의 업적에 두 번째 과제다. 그는 주제에 대한 세대별 명칭 정하기와 치료 회기에서 특정 좌석 배치를 포함하여 이 과제를 달성할 수 있는 다양한 방법을 열거한다.

Lewis(1986)와 Morrissette(1987)의 후기 연구는 강력한 집행 지도자에 대한 한부모 가족의 필요성을 확증한다. 그들은 어머니들이 종종 자녀가 불손해지는 것을 너무 두려워한 나머지, 적절한 통제력을 발휘하기를 주저하는 것을 발견했다. Lewis는 우리에게 드러난 증상은 가족에 대한 보호 기능을 가지고 있다는 것을 상기시킨다. 이러한 사고방식에서, 자녀 문제는 부모가 자기조절을 유지하도록 도울 수 있다. 한 부모들은 특히 취약하다. 자녀 문제는 특히 한 부모를 보호하는 차원에서 도움이 될 수 있다. 예를 들어, 아이가 등교를 거부한다면, 한 부모는 구직에 직면할 수 없을지도 모른다.

Lewis는 전문가와 지도자로서 부모 역할을 항상 지지하는 전략적 개입을 옹호한다. Morrissette는 치료가 가족 구성원이 서로 다르게 인지할 수 있는 상황을 만들 수 있고, 비록 짧은 기간일지라도 미래의 대인관계에 영향을 미칠 수 있다고 강조한다. 가족 체계의 한 사람의 변화가 가족 전체에 잔물결을 일으킬 수 있다고 기록한다. 부모의 비판이 불복종을 회피하는 데 역효과를 낼 것이라는

Lewis의 의견에 동의한다. 대신, Morrissette는 은유를 사용하여, 가족 위계에서 집행 기능을 강화하도록 부모를 가르치는 것을 제안한다. 그러나 부모가 항상 최초의 통제 개시자가 되는 지원 방법만 하는 치료사에게 주의를 준다.

임상 미술치료는 구조적 가족치료에 새로운 차원을 추가하여, 부모와 자녀에게 새로운 역할과 관계를 가르치는 데 은유를 사용하는 효과적인 방법이다. 미술 과정은 치료사가 가족 유형을 평가하는 것을 돕는다. 완성된 작품은 가족의 느낌, 의사소통 그리고 목표를 구체적으로 표상한 것이기 때문에, 미술치료사는 가족의 재조정을 돕는 가족 체계에 개입하는 데 미술 과제를 이용할 수 있다. Landgarten(1987)은 한부모 가족이 이혼으로 인한 분노와 상실을 다루는 데 미술 과업이 어떻게 도움이 되는지를 보여 준다. 그녀는 우울한 어머니에게 역할 권한을 부여하면서, 미술 과업을 맡겨 신체적으로 중재를 한다.

Riley(1988)는 가족치료에 대한 미술치료의 특별한 기여를 기술한다. 미술은 종종 부모의 모든 요구와 걱정에 대한 물리적 수용기이다. 예를 들어, Liley는 어머니에게 모든 고민을 상자에 그려 넣고, 치료사에게 그림을 맡기라고 하는데, 치료사는 아이에게 의지하지 않고 다른 성인(치료사)에게 기대도록 한다.

한부모 가족의 문제는 어떤 종류의 치료로도 쉽게 해결되지 않을 것이지만, 이러한 모집단은 사회에 대한 가장 유의미하고 절실한 필요성 중 하나를 제시한다. 한부모 가족에 대한 긍정적인 여론의 결여는 그 과업을 더욱 어렵게 할 뿐이다. 미술치료는 싱글맘과 자녀의 욕구를 충족시키는 지름길로 제공될 수 있다.

가족 미술치료사가 하는 일은 가족 구성원의 요구와 약점을 평가하고 한부모 가족을 만들어 내는 새로운 도전에 부응하여 성장하도록 그들을 돕는 것이다. 이 장의 나머지 부분에서는 3개월에서 9개월 동안 매주 보았던 한부모 가정인 두 가족의 도전에 미술치료 개입이 어떻게 사용되었는지를 논의할 것이다.

사례 연구

A 가족

A 가족은 신부님의 권유로 클리닉에 전화를 걸었다. 어머니 Molly는 위축, 두려움 그리고 우울을 보이는 11세 딸 Heather를 걱정하였다. 그 가족에는 두 명의 다른 아이들, 7세 Kelly와 4세 Brendan이 있었다. Molly는 장녀가 아버지를 닮았다는 것에 대한 두려움을 표현하였는데, 아이 아버지는 수년간 언어적 그리고 신체적 학대 후 6개월 전 떠났다. 그녀와 아이들은 구타당한 여성을 위한 보호소로 옮겼고 그 후 공공 주택으로 옮겼다.

아버지에게는 접근 금지 명령이 내려졌고 가족은 아버지 또는 예전 이웃, 학교 그리고 친구와도 접촉이 없었다. Heather는 항상 조용하고 수줍어했지만, 별거 이후 이러한 특성이 모든 남성을 두려워할 정도로 커졌다. 그 가족은 치료를 받아 본 적이 없었고 치료받기를 꺼려 했지만, Molly는 신부님의 조언을 받아들여 Heather를 위해 도움을 구했다.

가족은 성당 이외의 지지 자원이 거의 없었다. 가족은 아버지 또는 다른 가족과 아무런 연락도 하지 않았다. A씨 부인의 친부모는 사망했고, 가족생활에서 할머니와 여동생 한 명만 남았다. A씨 부인은 친한 여자 친구도 없었고 남자와 친해지고 싶은 마음도 없었다. 그녀는 간호학과 학생이었고, 대학교와 교수들은 그녀에게 매우 중요했다. 그녀의 주된 수입원은 부양 자녀에 대한 정부지원이었다.

온갖 트라우마와 자원 부족에도 불구하고, 가족은 여전히 높은 기능을 하고 있었다. 아이들은 학교에서 잘 지내고 있었으며, Heather만 제외하고, 새로운 친구를 사귀기 시작하였다. A씨 부인도 비록 학교 일과 한 부모의 책임감으로 한때 압도당한 기분이 들었지만, 학교에서 잘 지내고 있었다. 이 가족은 매우 친했으며 가족 구성원은 대부분의 자유 시간을 함께 보냈다.

Molly와 세 자녀는 모두 매우 수줍고 예의 바르나 긴장한 채 클리닉에 도착했다. Heather는 매우 조용했지만, 내가 그녀에게 말을 걸면 상냥하고 쑥스러워하는 모습으로 미소 지었다. Kelly는 말은 하지 않지만, 치료실 안의 모든 것을 쳐다보았고 모두의 반응을 지켜보았다. Brendan은 어머니에게 착 달라붙어 있었다.

나는 그 가족이 별거와 이사를 통해 많은 상실을 겪었다는 것을 알았으며, 그래서 아이들에게, 특히 Heather에게 치료는 그들을 분리시키지 않을 것이며, 그들에게서 어머니 그리고 서로를 빼앗지 않을 것을 확인시켰다. 그들은 분명한 안도감을 보였고 보안이 허술했다고 반응하였다. 나는 Heather에게 아주 안전한 장소를 그려 달라고 요청했다. 그녀는 가족의 안전에 대한 은유로 '아름다운 집'을 그렸다([그림 3-1]).

첫 번째 회기에서 Heather는 매우 밝고 민감했으며 우울증이 가족 트라우마의 반응이었다는 것이 분명했다. 나는 그녀가 가족 상실로 인한 모든 두려움과 우울함을 위한 '가족 수용자'였다고 믿었다.

그다음 몇 회기 동안 다른 가족의 역동에 대해 논의되었다.

[그림 3-1] 안전한 장소

Molly는 제한을 설정하여 그들을 유지시켰다. 그녀는 아이들의
행동과 예의범절 그리고 집안일을 돕는 것에 큰 기대를 가졌다.
Molly는 수업하는 동안, 종종 어린아이를 돌보는 Heather에게 특
히 의지하였다. 그러나 Molly의 집행 능력은 감정적인 부분에서
덜 효과적이었다. 그녀는 자신의 감정을 알지 못했다. 또한 남편
에 대한 사소한 것을 기억하는 것도 고통스러워했으며 이별에 대
한 어떤 정서적 반응도 적극적으로 부인했다. 그것은 딸이 반응했
던 그러한 상황에서였다.

그들의 역동에 대한 나의 원래 가설은 다음과 같았다.

어머니는 그의 행동을 장녀와 결부시킴으로써 아버지를 살려두었다.
Heather의 위축되고 우울한 행동은 Molly와 다른 아이의 우울함과 두려움
을 반영하였다.

나의 원래 치료 목표는 다음과 같았다.

1. 어머니의 시각에서 아버지로부터 Heather를 분리하기
2. 구타당한 여성들의 자기가치감이 약화되기 때문에 한 부모로서 어머니를 지지하고 강화하기
3. 이러한 새롭게 형성된 한부모 가족 구조를 평가하기 그리고 부모 집행을 지원하여 세대 경계를 확고히 하기

개입

나의 첫 번째 목표는 치료 관계에서 안전한 장소를 만드는 것이었다. 이것은 클리닉과 나와의 신뢰 관계를 구축하는 것을 의미했다. 나는 구두로 그들에게 치료는 그들을 분리하지 않을 것이며, 이 클리닉은 가족이 함께하도록 도움을 주었으며, '안전한 장소'의 미술 과업으로 미술치료실 벽에 걸어 둘 수 있는 구체적인 작품을 그들이 들어갈 때마다 볼 수 있게 해 주었다고 확언했다. 그들은 Heather의 아름답고 현실에 기반을 둔 집을 볼 것이다. 미술 자체는 그들의 삶에서 한결같은 주제가 될 수 있다.

남동생은 집에 대한 Heather의 아이디어를 모방했고, 나는 이런 것에서 그들의 안전을 위한 은유가 되도록 집이라는 주제를 발전시켰다. 분리와 변화의 현실을 직시하도록 하기 위해, 나는 가족에게 이사하기 전에 가정이 어땠는지 그리고 지금의 집이 어떤지를 그리도록 요청했다. 그들은 각각 화지의 양쪽에 이 그림을 그리기로 되어 있었다. 아이들보다 더 분리되어 더욱 강하게 어머니/부모 역할을 강화하는 목표를 염두에 둔 채, 나는 어머니에게 미술 과업으로 특별한 역할을 부여했다. 지도자로서 어머니를 지원

하기 위해, 나는 어머니에게 두 개의 콜라주로 배열하고 각 범주에 그림을 붙이는 담당을 해 달라고 요청했다. 이러한 움직임은 집행 의사결정자로서 어머니 역할의 상징이었다.

'안전한 집'에 대한 가장 구체적인 것은 어머니가 학대의 정도를 공동 치료사와 논의하며 자리를 비운 동안 아이들이 판지로 만든 3차원의 구조물이었다. 나는 아이들에게 '아름다운 집'을 판지로 함께 만들어 달라고 요청했고, 아이들이 직접 만든 이 집 침실 창 문에 개인적인 손질이 가해졌다. Molly가 아이들과 합류하기 전까 지 그 집은 매우 빈약했고, 나는 그녀에게 더 튼튼하게 해 달라고 요청했다. 그녀가 집의 견고함을 높이기 위해 지지대를 설계하고 만드는 동안, 나는 그 구조물을 '아무 일도 일어나지 않도록 아주 튼튼하게 만드는' 어머니의 특별한 역할을 강조했다. 그 기간 동안 아이들에게 정원과 밖에서 놀 수 있는 장소를 만드는 일이 주어졌 다. 여기서 아이들이 작업—놀이—으로 바쁜 동안 어머니의 역할

[그림 3-2] 튼튼한 집

은 보호자였다([그림 3-2]).

어머니에게 조직과 안전을 맡기면서, 각각의 이러한 치료적 움직임에서 아이들이 가족을 위한 임무를 완수하는 그녀를 지켜보는 가운데 Molly는 자부심과 만족감으로 일했다. 어머니가 집행 역할을 맡는 동안 아이들은 조용해졌다. IP Heather는 이완되어 미소 지었는데, 다른 아이들과 같아 보였다. Kelly는 가족 리포터가 되는 것을 그만두고 어머니의 지시를 따랐다. Brendan은 가만히 앉아서 그의 미술 작업에 힘썼다.

이 가족에 영향을 준 또 다른 중요한 분야는 Molly의 낮은 자기 가치감이었다. 비록 그녀는 혼자 세 아이를 키우면서 학교에 가고 있었지만, 매 맞는 여자였다. 남편을 떠나기로 한 그녀의 결정은 어렵고 긴 것이었다. 그녀는 거의 지원을 받지 못했으며, 의사결정자로서 입증이 필요했다. 마치 그녀의 단호한 통제가 그녀의 심한 두려움과 불안정을 가릴 수 있을 것처럼 그녀는 아이들과 함께 있을 때 너무 엄격했다.

치료 초기에, 나는 그녀의 성취와 가족의 가치를 강화한 미술 지시로 인한 Molly의 불안정에 주의를 기울였다. 한 회기에서는, 그녀가 중간고사 공부로 인해 피곤하고 압도되어 들어왔었다. 나는 한 여성의 윤곽을 크게 그려서 가족들에게 "엄마인 것 그리고 엄마가 하는 모든 것들을 보여 주는, 콜라주 박스에 있는 사진들을 오려서 화지에 붙이도록" 요청했다. 온 가족이 기뻐하며 이 프로젝트에 덤벼들었다. 아이들이 사진을 고를 때, 그들은 각각 "엄마, 그렇게 해, 엄마는 예쁜 옷을 입고, 엄마는 운동하고, 엄마는 우리에게 음식을 만들어 준다." 그리고 "오, 엄마, 데이트 갈 수 있어."처럼 코멘트를 달았다. 엄마는 모든 코멘트에 활짝 웃거나 또는 얼굴을 붉혔다.

콜라주는 꽉 찼고 매우 컸다. Molly는 자신의 새로운 이미지를 갖고 떠났다. 가족은 조급한, 소진된, 우울한 여성의 이미지 대신에 힘, 아름다움, 따뜻함 그리고 성취의 일원으로서 역할을 재구성하였다. 다시 한번, 모든 가족 구성원은 중요하고 적극적인 역할이었으나 어머니의 역할은 젊은 세대와는 다르고 별개의 것이었다. 그녀는 그 작업의 대상이었다. 이러한 미술 개입이 세대를 갈라놓기는 하지만, 그것 또한 자신에 대한 아이들의 감탄을 보는 어머니와 그들이 가진 강한 부모를 보는 아이들에 의해서도 가족을

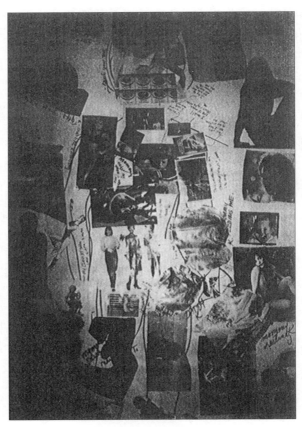

[그림 3-3] 엄마의 모든 것

하나로 결속시켰다([그림 3-3]).

처음 6주간의 치료 후에, Heather는 훨씬 더 나아졌다. 그녀는 새로운 친구와 그녀가 참석하고 있는 파티를 묘사하면서 치료받기 위해 달려들곤 했다. 우리 모두는 우울하고 겁에 질린 소녀가 어디로 갔는지 궁금했다. 농담으로 나는 그녀에게 자신의 방으로 가서 우울해지라고 말했고, 그래서 우리는 모든 치료를 계속할 수 있었다. 이것에 대한 모든 사람들의 반응, 특히 Heather의 반응은 웃는 것이었다.

추수감사절에 가까웠고 나는 새롭게 재구성한 가족의 어머니를 계속 강화하는 데 이 기회를 사용했다. 이것은 아버지 없이 보내는 가장 중요한 첫 번째 휴가가 될 것이다. 나는 그들에게 모든 변화에도 잘 해낼 수 있는 그들의 능력에 대해 얼마나 존경했는지를 말했지만, 휴가는 슬픈 기억을 가진 모든 가족에게 힘든 시간이라는 것을 강조했다. 나는 우리가 상실한 사람들을 슬퍼하거나 그리워하는 것은 정상이었다고 강조했고, 그들이 아버지를 생각하고 있는지 많이 궁금했다. 그들은 즉시 나에게 아버지는 휴가에 대한 온갖 소란과 준비를 싫어했기 때문에 아버지가 없으면 이 휴가가 더 좋을 것이라는 생각을 했다고 말했다.

나는 미술 과업을 진전시키는 데 그들 자신의 발달사를 활용하였다. 그들에게 추수감사절을 생각나게 한 어떤 것을 점토로 만들도록 요청했다. 아이들은 특별한 음식과 상징에 대하여 학교에서 배운 모든 지식을 이용해서 즉각 작업을 시작하였다. 나는 Molly에게 이 모든 상징의 식탁보를 만들어 보도록 요청했고, 그녀가 원하는 방식으로 꾸미고 모양을 만들 수 있다고 말했다. 다시 한번, 모양과 형태를 주고 그녀의 가족 활동에서의 특별한 역할을 부여했다([그림 3-4]).

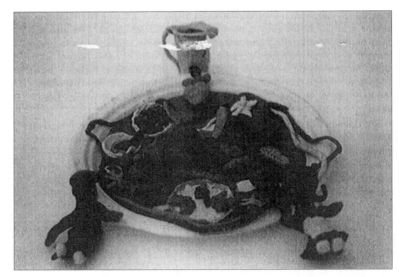

[그림 3-4] '우리 가족 추수감사절'

Molly의 세 아이가 모든 미술치료 프로젝트에 적극적으로 참여했고 흥분했다는 것을 진술하는 것이 중요하다. 그들은 즉시 작업을 시작했고 열성적으로 매체를 얻으려고 노력했다. 모든 과업에서 누가 무엇을 하고 누가 어떤 매체를 사용하게 되었는지에 대하여 약간의 경쟁이 있었지만, 어머니가 각 과업에 특별한 역할을 부여받았을 때 어머니와 아이들 간의 경쟁은 없었다. 그런 특별한 작업은 항상 어머니로부터 아이들을 분리시켰고, 자녀와 어머니 모두에게 어떤 연령대의 아이로 이해하고 있던 방식에서 지도자로서 부모를 볼 수 있도록 허용하였다.

치료 5개월 후 현재의 가족 역동을 평가하기 위해, 나는 가족에게 집단 미술 과제를 하도록 지시했다. 어머니에 대한 특별한 역할을 지정하지 않고 판지로 집단 조형물을 만들도록 그들에게 요청했다. 어머니의 작품은 가장 지배적이고 장식적이었지만, 다른 사람과는 연결되지 않았다. 그녀는 혼자서 사랑스러운 나무를 만들

[그림 3-5] 가족 정원

었으며, 아이들과 함께 작업하자고 제안하지 않았다. Heather 역
시 독립적으로 작업했다. Kelly만이 다른 아이를 함께 참여시키려
고 노력했다. Brendan은 나에게 도움을 청하러 왔다([그림 3-5]).

치료를 통해 이 가족의 진전을 평가하면서, 나는 어떠한 특징에
충격을 받았다. 원래 제시된 문제는 문제가 되지 않았을뿐더러, 5개
월 후 Molly는 처음 도움을 청하러 왔을 때 그녀의 딸 Heather를
걱정해서였다는 것을 깨달았다고 나에게 말해 주며 치료를 받게
되었다. 그리고 나서 그녀는 '그것이 정말 내가 겪었던 모든 일'인
지, 그리고 딸에게 아무 문제가 없었는지를 궁금해했다. 미술치료
는 언어치료가 아니며 환자들은 그들이 볼 준비가 된 것만을 해석
한다. 그녀는 스스로 그런 현황을 파악하였기 때문에 자기 성장의
일부로 이러한 이해를 통합할 수 있었다.

치료는 처음에 IP Heather에게 지지와 안전을 제공하였기 때문
에, Molly는 자신의 상실과 필요를 자유롭게 볼 수 있었다. 동시에

치료는 항상 한 부모를 지원하는 데 관심을 기울였지만, 그것은 아이들이 어른 문제를 덜 걱정하고 학업과 친구들에게 집중하도록 자유롭게 해 주었다. 구조적인 면에서 어머니는 더 이상 밀착되지 않았다. 치료는 세대별 역할을 명확히 하여 세대를 분리하였지만, 각 구성원에게 연령에 적절한 기회를 주어 새롭게 형성된 한부모 가족을 통합하였다.

치료할 때 A 가족은 더 안정적이고 높은 기능을 하고 있었다. 자신과 아이들에게 더욱 확신을 느꼈던 Molly는 두려움과 우울함이 덜했다. 약간 유리된 Molly 스타일은, 아마도 강하고 독립적이 되기 위한 그녀의 분투 때문일 것이다. 그것은 자녀들이 청소년기로 성장하여 더 깊은 의사소통이 필요하게 되면서 알아두어야 할 일이었다.

B 가족

B씨 가족은 위기 클리닉에서 다른 미술치료사에게 6회 동안 치료를 받은 후 나와 함께 가족치료를 시작했다. 그 작업은 B씨 부인 Sarah가 남편으로부터 신체적인 공격을 받은 이후 시작되었다. 그 사건은 Sarah가 남편에게 자신이 임신했고 낙태를 거부한다는 말에서 촉발되었다. 8세 Hillary와 4세 Tommy는 아버지로부터 어머니를 구하기 위해 911에 전화했다. B씨는 체포되어 집을 떠났고, 이혼 절차가 시작되었다.

Hillary는 아버지와 아이들을 위한 어머니의 방문 계획을 들었을 때 히스테리가 시작되었다. 그때 그들은 우리 클리닉의 위기 센터로 왔다. 어머니를 자주 학대했던 아버지는 알코올 중독자였으며 많은 총기를 소지하고 있다고 어머니는 보고하였다. 그는 과거에 발로 차고 머리카락을 잡아당겨서 Hillary에게 상처를 입히기도 했다. 그는 온 가족이 함께 폭력 영화를 본다고 주장하였다. 그 당시 치료사는 학대 신고서를 제출했다. 가족은 지난 3년간 학대로 위기센터에 수차례 갔었고, 클리닉과 신뢰 관계를 맺었다.

6회기 위기 작업의 초점은 구타당한 어머니를 지원하고 강화하는 것이었다. 그녀는 자신이 '아이들 중 하나와 같으며', Hillary와 Tommy에게 자신을 돌보고 남편으로부터 보호하려고 자주 의지했다는 것을 인정하였다. 위기 작업의 원래 가설은 어머니의 미성숙에 기인한 Hillary의 가짜성숙이었다. Hillary에게 부모 역할은 너무 어렵고 많은 고통과 역기능을 초래하였다.

나와 함께 가족치료에 들어갔을 당시에도 두 아이 모두 여전히 두려움과 불신의 징후를 보이고 있었다. Hillary의 정서는 불안과 두려움으로 거의 침체되어 보였다. Tommy도 또한 자신이 목격했던 트라우마로 고통받고 있었다. 아버지를 보고 싶지 않았던 그 역시, 아버지가 그들을 납치할까 봐 두려웠고, 어머니에게 무슨 일이 생길까 봐 걱정되어 자주 소변을 보고, 밤에 악몽으로 잠을 못 이루었다. 그들이 아버지를 방문했을 때, 아버지가 총구를 겨누고 어머니에게서 중요한 서류를 훔치는 것을 포함하여 세 번의 다른 사건에 관한 무서운 일이 일어났었다.

어머니는 아이들이 자신의 보호자가 아니라 아이가 되어야 할 필요성에 대해 기꺼이 말하였지만, 아직 아이들에게 안전을 제공할 수 없었다. Sarah는 심지어 아이들 앞에서 학대의 자세한 내용까지 공개적으로 말했다. 분리되기 전까지 아버지가 모든 결정을 하였고, 두려움과 잔혹성으로 유지되는 모든 규칙과 제한을 정하였다. 그는 세 사람 모두 저녁 8시에 자야 한다고 주장했다. 또한 집에 친구를 데려오거나 친구 집에 방문하는 것도 허용되지 않았다.

이 가족을 위한 지원 시스템은 거의 존재하지 않았다. 멕시코에서 온 이민자들인 Sarah의 가족은 뉴멕시코에 살았고 돈도 거의 없었다. 남편 가족은 그녀의 재산 때문에 그들보다 열등하다고 느꼈다. 그녀는 변호사와 음식을 위해 돈을 빌려준 한 노부부와 가까운 사이였다.

끔찍한 스트레스와 외상에도 불구하고 어린아이들은 학교에서 잘 지내는 것으로 목격되었다. Hillary는 친구를 사귀기 시작하였고, 심지어 밤샘 파티를 계획하고 있었다. 또한 아버지의 술에 취한 분노가 무서워서, 그들이 방문할 수 없는 이유에 대하여 친구들에게 거짓말을 하였다. Tommy는 유아원에서 행복했다. 하지만 두 아이 모두 첫 번째 회기 초반에는 수줍어하고 비우호적으로 보였다. Sarah 역시 매우 활동적인 여자였다. 비록 그녀는 임신 중이며 두 아이를 둔 싱글맘이었지만 대학에 계속 다니고 있었다.

이 가족의 주요 역기능은 아버지에게 집중되어 있는 것이다. 아이들과 어머니 모두 그를 몹시 두려워했다. 이 두려움은 어머니와 아이들 간의 강한 유대감을 형성하였지만 세대 간 경계는 모호함이었다. 어머니는 지원 시스템이 없었기 때문에 동맹으로써 아이들에게 의지하였다. 결과적으로, 아이들은 정상적 발달을 하지 못하고, 어머니를 보호할 필요성을 느꼈다.

나의 원래 가설은 다음과 같았다.

아이들의 가짜성숙은 그들과 어머니 자신을 보호하지 못하는 어머니의 무능함에 대한 엄청난 불안정에 맞서는 방어였다. 어머니는 그들의 힘에 더욱 소극적이고 미성숙하게 반응했다. 아버지 방문에 대한 Hillary의 외침은 자신을 돌보기 위해 어머니를 활성화시키는 방법이었다. Hillary와 Tommy의 가짜 성숙 행동은 아버지의 깊은 두려움에 대한 가면이었다. 그들의 히스테리는 수동적으로 변화하고 겁에 질린 자세로 치료받는 어머니를 활성화시켰다.

나의 원래 치료 목표는 다음과 같았다.

1. 자녀를 보호하기 위해 충분한 지원을 어머니에게 제공하기
2. 학대 남편을 떠나기로 한 결정을 증명하도록 어머니의 자기 가치감 돕기
3. 과거 트라우마에 대한 감정을 탐색할 수 있도록 치료에서 안전한 장소를 가족 구성원에게 제공하기

개입

Sarah 가족과의 첫 번째 회기는 그들의 역동성에 많은 단서를 만들어 냈다. 미술 지시는 "화지를 반으로 나누세요. 한쪽은 당신이 'Goodbye'라고 말했을 때 당신이 어떻게 느끼는지를 나타내는 사진들을 선택하고, 다른 한쪽에는 'Hello'라고 당신이 말했을 때 당신이 어떻게 느끼는지를 나타내는 것을 붙이세요."라는 것이었다. 한 측면에서는, 다른 미술치료사에서부터 나에게까지 그들의 변화를 인정하는 것이었다. 또 다른 측면에서는, 그들은 더 큰 상실인 아버지를 다루고 있었다.

Sarah의 그림은 그녀가 'Goodbye'라고 말했을 때 얼마나 외롭고 고립된 느낌을 받았는지에 대해 적으면서, 작별 사진으로 섬을, 'Hello'는 새로운 꽃 같았다는 것을 나타냈다. Hillary의 사진들은 'Goodbye' 또는 'Hello'라고 말하는 이야기 캐릭터를 사용하여 익

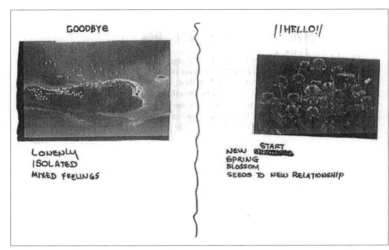

[그림 3-6] 새로운 시작

살스러웠다. Tommy는 그 개념에 놀라울 정도로 적합한 만화 캐릭터를 선택하였다. Sarah는 사람이나 동물이 없는 아름다운 이미지를 골랐다. 나는 그녀가 어떤 사람에게도 신뢰감을 느끼지 못했던 매 맞는 여자라는 것을 알고 있다([그림 3-6]).

Sarah 가족은 초기면접 당시 감금 및 면접교섭 분쟁에서 스트레스를 계속 받고 있었고 그들의 마음은 안전이 최우선이라는 것을 알았다. 초기 회기에 나는 그들 각자에게 안전한 장소를 그리도록 요청했다. Sarah는 구름 속으로 끌어당길 수 있는 사다리가 있는 구름 속에 그들 세 사람을 그렸다. Hillary의 안전한 장소는 주위에 아무것도 없는 언덕에 있는 그들 셋이었다. 흥미롭게도, Tommy의 그림이 가장 보호적이었다. 그는 방패를 그리고 나서 "이것은 엄마 치타야. 엄마치타의 일은 집을 안전하게 지켜 주는 거야."라며 치타를 그렸다(사라는 주근깨가 많았다).

가족들이 그들의 그림을 토론하는 동안, 어린 Tommy는 Hillary의 그림에 낙서를 하기 시작했다. Hillary는 가장 친절하게 그에

[그림 3-7] 보호 장소

게 그만하라고 말했다. 나는 Hillary에게 좀 더 강하게 그에게 말하고, 자신의 엄격한 통제를 이완하고, 자신의 욕구를 챙기도록 격려했다. 그쯤 되자 그는 고개를 들어 "우리 주위에 방패를 그리고 있어."라고 말했다. Tommy는 내담자가 화지에 현실을 바꾸도록 장려하는 공동 미술치료 과정을 시작하고 있는 것 같았다. 나는 Sarah에게 아이들의 그림에 대해 어떻게 느꼈는지 물었고, 그녀는 아이들을 안전하게 지키는 것은 그들의 일이 아니라 자신의 일이라고 말했다([그림 3-7]).

위기 작업 6회기 이전 미술치료의 상당부분은 이혼소송을 진행하고 아이들을 보호하기 위해서 어머니를 강화하는 데 초점을 맞추었던 것에 주목하는 것이 중요하다. 그녀는 그 이미지를 강한 메시지로 사용할 수 있었던 매우 총명하고 통찰력이 있는 여성이었다. 매주 치료를 받으면서, 그녀는 매 맞는 여성의 역동을 이해하려고 애씀에 따라 점점 방어력이 약해졌다.

그러나 특히 법정 심리 후 심란하여, 나는 법원에 대한 가족 벽화로 그들의 분노와 좌절을 표현하도록 허용하기로 결정했다. 아이들이 또다시 맞서 일어나는 데 어머니보다 더 의향이 있는 것이 분명했다. 그녀는 화가 나서 큰 도마뱀을 남편의 상징으로 그렸다. 그러나 아이들은 더 많은 보호적인 의미를 선택했다. Hillary는 판사에게 말했으면 하는 소망했던 단어를 성숙하게 적은 반면, Tommy는 탱크를 그렸다. 그는 '엄마랑 변호사랑 판사랑 Hillary를 태우고'라며 법정에서 탱크를 운전할 것이라고 말했다. 압박감에서도, 그들의 이전 정서로 되돌아가는 것이 수년간 학대를 받아 온 이 가족에게는 놀라운 일이 아니었다. 나는 새로운 역할을 경험할 수 있도록 돕기 위해 그들의 역동에 대한 지속적인 과정과 재해석이 필요하다는 것을 알았다([그림 3-8]).

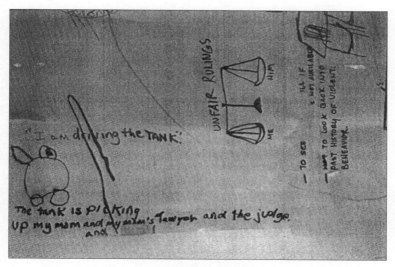

[그림 3-8] 법정

　이 가족에게 3차원적인 안전한 장소를 만들기 위한 이미지를 선택하면서 나는 그녀가 'Goodbye'라고 말했을 때 느꼈던 Sarah의 첫 번째 섬 그림을 재요청했다. 섬 상징을 선택했던 것은 내가 어머니에게 권한 부여를 해 주려고 했던 것이 어머니에게서 나왔기 때문이다. 면접교섭와 양육권에 대한 법정 심리 동안, 가족은 세상에서 고립되었고 안전을 간절히 원하였다. 구체적으로, 어머니에게 아이들이 식물과 놀이 구조물을 만드는 동안 섬과 저택을 만들어 달라고 요청했다. 그런 조치는 어머니에게 그들의 집, 그들의 터전, 그들의 보안 '형성'을 담당하게 하였다.

　Sarah는 크고 소박한 섬을 만들었는데 나는 메인 하우스에 적합하다고 생각했으나 아이들은 아마도 그들에게 특별한 장소로 의미 있는 여러 가지 다른 구조물을 만들었을 것이다. 그러나 Sarah는 아주 큰 집을 지어서 대부분의 섬을 덮어 버렸다. 아이들을 위한 공간이 남아 있는지 나는 조용히 궁금해했다. 그 당시 Sarah 역시 회기 대부분의 시간을 긍정적인 에너지와 이야기로 꽃을 피우고 있었다. 나는 아이들을 위해 시간(방)을 만들어야 했다. 아이들이 안전하고 편안하게 지내기에 충분한 방으로, 얼마나 큰 집이었는지를 언급했다. Hillary는 놀이 때 사용하겠다고 말하며 자신의 특별한 장소에 배를 만들었지만, '엄마와 함께 하기'를 원했다. Tommy는 모든 사람들이 충분히 먹을 수 있도록 많은 과일이 달린 나무를 만들었다.

그다음 주에 Sarah는 집을 튼튼하게 만들기 위해 두꺼운 판지를 가져왔고 그녀와 아이들은 점토로 각각 자신을 만들었다. 그런 후 Hillary가 방문을 허락했던 또 다른 형상으로 치료사의 표상을 만들었다. 어느 날 특히 무서운 아버지의 방문 후 Tommy는 사자를 만들어 집 문 앞에 배치하였고, 세 가족상을 모두 집 안에 넣었다([그림 3-9]).

한 달 후, 이 가족은 두려움과 분노를 표현하기에 안전한 장소로 미술치료를 이용했다. 아이들은 여전히 경호를 받고 있었고 그들

[그림 3-9] 우리만의 안전한 섬

이 안전할 것이라고 믿는 것을 꺼려 했다. 그들은 법정 심리 참석이 더 많았고 미래는 불확실했다. 가장 큰 두려움은 어머니를 빼앗길 수 있다는 것이었다. 하지만 Sarah는 성인 역할을 시작하고 있었다. 그녀는 법정 분쟁에 관한 한, 투사(fighter)처럼 말했다. 자신의 독립을 매우 자랑스러워했다. 그녀는 아이들과 함께 밤샘 파티를 하고, 야구팀에 합류하고, 친구 방문과 같이 이전에는 할 수 없었던 평범한 일을 하는 것이 행복하였다.

요약

안전한 환경을 조성하기, 한 부모에게 권한 부여하기, 세대 간의 경계를 확고히 하기 그리고 감정 표현을 장려하기에 대한 치료적 개입은 모든 한부모 가족 문제를 해결하는 데에 가치가 있다. 그러한 많은 가족이 학대하는 배우자를 떠나지 않았더라도, 무엇이 변화하든 상실감과 불안감이 초래되었다. 싱글맘은 혼자 있기 때문에 항상 지원이 필요하다. 경계는 거의 항상 약하고 역할은 혼란스럽다. 치료는 긴장된 가족 체계에 대한 감정을 안전하게 표현할 수 있다. 미술치료는 그런 과정을 극적으로 강화시킨다.

두 가족은 자녀 중 한 명의 현재 문제 때문에 클리닉에 연락하였다. A 가족의 경우, 어머니가 Heather의 학대하는 아버지를 떠난 후, 11세 Heather는 불안하고, 두렵고, 우울했다. B 가족의 경우, 8세 Hillary는 아버지를 방문하는 것이 불안하고 두려웠다. 두 어머니 모두 자녀에 대한 염려로 치료받기 위해 행동하였다. 그들은 아이들이 정서적인 문제를 가지고 있다고 믿었다. 비록 그들은 결혼생활에 역기능을 초래했던 염려와 죄책감을 느꼈지만, 가족 내에서 자신들의 역할이 그 증상과 얼마나 연관되어 있는지를 깨닫지 못하였다.

IP들은 어떤 방법으로든 역기능적이었다. 두 사람 모두 분노와 공포를 나타내면서 우울해했다. 각 가족의 다른 자녀는 정상으로 보였지만, 그들 또한 약한 정도이지만 우울증의 일부를 공유하였다. 어느 아이도 더욱 심층적인 작업이 필요했을 극심한 병리학이나 심각한 진단을 받지 않았다는 것에 주목하는 것이 중요하다. 이 아이들은 심각한 정서적 질병으로 고통받지 않았다. 그들의 가족은 이혼 스트레스로 고통받고 있었다. 가족으로부터 결혼으로 제공되는 지원이 갑자기 끊겼다. 남아 있는 부모가 자녀에게 재정적, 정서적 그리고 육체적으로 제공하는 스트레스는 너무 컸고 자녀는 스트레스의 수용기였다. 이 두 아이는 가족 내에서 첫째 아이로 매우 영리하고 언어성이 뛰어나지만, 어머니의 요구에 매우 민감하게 반응하였다. 그들 둘 다 자신의 안전과 행복을 걱정하였다.

Heather와 Hillary는 가족을 위한 '증상 소유자'였다. 가족에서 어머니의 집행 능력은 역할 변화로 인한 스트레스와 수년간 지속된 학대 및 비난으로 나약해졌다. 아버지는 집을 떠났으니, 지금 권한 역할에 공백이 생겼다. 어머니들은 양육자였고 지도자나 규율자로는 익숙하지 않았다. 그들은 그들 자신조차도 보호자가 될 수 없었다. 무의식적으로 그런 공허함을 감지하였던 두 아이는 두려움과 우울로 행동화하면서 부적절한 방식으로 욕구를 채웠다. 그러나 그들의 역기능은 가족 내에서 결정적인 목적으로 이바지하였다. 또한 그들의 증상은 도움을 요청함으로써 집행 지위를 맡도록 어머니를 촉진시켰다.

두 사례 모두에서 미술치료의 영향이 분명했다. 구체적인 미술 과업은 부모에게 권한 부여를 위한 구조적인 움직임으로 고안되었다. 안전한 장소—집과 섬—는 어머니에 의해 보호되거나 또는 강화되었다. 미술 작업은 가족의 새로운 역할을 구체적으로 재현하는 데 제공되었다. 이 여성들에게 강한 집행자가 되라고 말하기보다는 미술 과제에서 중요한 역할을 해 달라고 요청했다. 그들은 맡았던 일을 미술 작품에서 대신하면서 은유적으로 작업하였다.

세대 간의 경계를 확고히 하기 위해 어른들은 항상 미술 프로젝트를 조직화도록 요청받았다. A씨 부인은 2개의 집 콜라주, 추수감사절 접시 그리고 꿈 같은 종이(dreamlike paper) 조형물을 조직화하도록 격려받았다. B씨 부인은 섬과 집을 구성하도록 요청을 받았다.

어머니들은 미술에서 그들의 새로운 지도적 역할을 볼 수 있었고, 아이들도 그렇게 볼 수 있었다. 종종 아이들은 어머니들이 만들도록 요청받았던 항목을 만들고 싶어 하였지만, 나는 "오직 엄마만이 만들 수 있어."라고 말하면서, 아이들이 멈추도록 어머니들을 격려했다. 그러나 대부분의 경우 아이들은, 특히 IP는 먼저 어머니의 지도적 역할을 열심히 지켜본 후 자신의 일을 작업하게 된다.

두 가족 모두 개선되었고 두 아이도 더 잘하고 있었다. A 가족의 Heather는 여전히 조용하고 예의 바른 아이였지만 더 이상 우울하거나 위축은 없었다. A씨 부인은 초기면접 시 어머니 역할에서 명확하게 정의되어 있었고 심지어 치료 후에도 더욱 그러했다. B 가족은 목표를 달성하기 위해 미술치료를 이용하였다. 아이들의 불안은 어머니가 더욱 강해짐으로써 감소되었다. 섬에 커다란 집을 설계하면서, 그녀는 자신이 '내 운명의 주인'이 되는 것이 얼마나 행복한지를 자유롭게 말했다. 미술치료의 이점에 대한 그녀의 코멘트는 다음과 같다. "아무리 내가 기진맥진하였어도, 미술치료 받으러 왔을 때, 나를 진정시키고 그리고 내 문제를 극복할 수 없

다는 것을 깨닫게 하는 창조 과정에는 무엇인가가 있다. 그것은 일
종의 교회에 가는 것과 같다."

이 장은 성인의 권한 부여가 증상을 나타내는 방법으로 행동화
하는 아이들의 욕구를 완화해야 한다는 가설을 제기한다. 두 사례
모두, 현재 증상이 줄어들었다. 가족 미술치료는 가족을 위한 강
력한 변화를 만들기 위해 이러한 임상 작업에 사용되었다. 어머니
의 힘의 시각적 이미지는 집행자, 지도자, 보호자, 제공자로서의
역할을 분리하고 검증하였다. 치료사와 미술이 함께 주어진 지원
은 그렇게 혼자라는 느낌 없이 더욱 쉽게 그녀에게 지도적 역할을
맡길 수 있었다.

구조 이론에 가족 미술치료의 추가는 풍부함, 깊이 그리고 바라
건대 속도를 더한다. 확실히 많은 미술 작품은 모든 가족 구성원의
무의식적인 욕망과 두려움을 반영한다. 시각적 이미지에 대한 이
러한 이해는 구조적 가족 미술치료에서 가족 내의 역할과 역동을
이해하는 것으로 전이될 수 있다. 예를 들어, B씨 부인의 지나치게
큰 집은 분석적 측면에서 해석할 필요가 없었다. 중요했던 것은 그
것의 강인함의 표현과 아이들이 어떻게 그 안에서 안전하게 놀 수
있는지 그리고 그것을 쓰러뜨리는 어떤 태풍도 걱정하지 않았다
는 것이었다.

정서적으로나 재정적으로나 가족들이 아무리 이러한 자원을 소
유하고 있든 간에, 미술 과제의 의미는 그들에게 있지 않았다. 매
우 즐거운 활동을 통해, 온 가족은 분명하고 강한 지도자인 한 부
모와 함께 더욱 안전하게 자신들을 지각할 수 있었다. 가족 내에서
적절한 역할이 무엇인지 지성적으로 이해하는 것보다는 기대나
판단 없이 이러한 역할을 실연하는 기회가 이 가족에게 주어졌다
는 것이다. 미술은 일차적이고 비언어적인 수준에서 치유된다. 그

것은 지성보다 더 깊게 도달할 수 있다. 이 가족은 그들이 겪은 외상으로부터 치유될 필요가 매우 절실해서였다. 미술 과업은 말없이 가르치고 진정시킬 수 있었다.

5장

📖 참고문헌

Ackerman, N. (1978). *The Psychodynamics of Family Life*.

Bane, M. (1976). Marital disruption in the lives of children. *Journal of Social Issues, 52*(1).

Bateson, G. (1979). *Mind and Nature*. New York: E. P. Dutton.

Bowen, M. (1978). *Family Therapy in Clinical Practice*. New York: Jason Aronson.

Fulmer, R. (1983). A structural approach to unresolved mourning in single-parent family systems. *Journal of Marital and Family Therapy, 9*(3), 259-269.

Glenwick, D., & Mowrey, J. (1986). When parent becomes peer: Loss of intergenerational boundaries in single-parent families. *Family Relations, 35*, 57-62.

Goldenberg, H., & Goldenberg, I. (1990). *Counseling Today's Families*. Belmont, CA: Brooks/Cole.

Goodrich, T. J., Rampage, C., Ellman, B., & Halstead, K. (1988). *Feminist Family Therapy, A Casebook*. New York: W.W. Norton.

Greene, K. L. (1977). A pilot study: Differential cultural effects upon the single-parent child demonstrated in artwork. *Art Psychotherapy, 4*, 149-158.

Hayley, J. (1987). *Problem-Solving Therapy*. San Francisco: Jossey-Bass.

Hayley, J., & Hoffman, L. (1967). *Techniques of Family Therapy*. New York: Basic Books.

Hetherington, E. M., Cox, M., & Cox, R. (1978). The aftermath of divorce. In J. H. Stevens, Jr. & M. Matthews (Eds.), *Mother-Child, Father-Child Relations*. Washington, DC: National Association for the Education of Young Children.

Junge, M. (1985). "The book about Daddy dying": A preventive art therapy technique to help families deal with the death of a family member. *Art Therapy, 3*, 4-10.

Kaplan, S. (1977). Structural family therapy. *Family Process, 16*, 75-83.

Kramer, E. (1971). *Art as Therapy with Children*. New York: Schocken Books.

Kwiatkowska, H. Y. (1967a). Family art therapy. *Family Process, 6*(1), 37-55.

Kwiatkowska, H. Y. (1967b). The use of families' art productions for psychiatric evaluation. *Bulletin of Art Therapy, 6*, 52-69.

Kwiatkowska, H. Y. (1975). Family art therapy: Experiments with a new technique. In E. Ulman (Ed.), *Art Therapy in Theory and Practice*. New York: Schocken Books.

Landgarten, H. (1981). *Clinical Art Therapy: A Comprehensive Guide*. New York: Brunner/ Mazel.

Landgarten, H. (1987). *Family Art Therapy: A Clinical Guide and Casebook*. New York: Brunner/Mazel.

Levick, M. (1973). *Family Art Therapy in the Community*, 257-261.

Lewis, W. (1986). Strategic interventions with children of single-parent families. *The School Counselor, 33*(5), 375-378.

Madanes, C. (1981). *Strategic Family Therapy*. San Francisco: Jossey-Bass.

Minuchin, S. (1967). *Families of the Slums*. New York: Basic Books.

Minuchin, S., & Fishman, H. (1981). *Family Therapy Techniques*. Cambridge, MA: Harvard University Press.

Moen, H. (1981). *Art Psychotherapy with the Child of Divorce*. Unpublished manuscript, Loyola Mary mount University, Los Angeles.

Morawetz, A., & Walker, G. (1984). *Brief Therapy with Single-Parent Families*. New York: Brunner/Mazel.

Morrissette, P. (1987). Altering problematic family hierarchy: A strategy for therapy with single-parent families. *Family Therapy, 14*(1), 53-59.

Naumberg, M. (1966). *Dynamically Oriented Art Therapy: Its Principles and Practices.* New York: Grune & Stratton.

Reilly, J. (1985). *Structural Family Art Therapy: A Clinical Paper.* Unpublished manuscript, Loyola Marymount University, Los Angeles.

Riley, S. (1985). Draw me a Paradox? Family art psychotherapy utilizing a systemic approach to change. *Art Therapy, 9*, 116-123.

Riley, S. (1988). Adolescence and family art therapy: Treating the "adolescent family" with family art therapy. *Art Therapy, 7*, 43-51.

Rosenthal, D., & Hansen, J. (1980). Working with single-parent families. *Family Therapy, 7*(2), 73-82.

Sherr, C., & Hicks, H. (1973). Family drawing as a diagnostic and therapeutic technique. *Family Process, 14*, 439-460.

Smead, J. (1981). *Art Therapy as a Support System for Single Mothers: A Proposal.* Unpublished manuscript, Loyola Marymount University, Los Angeles.

Wallerstein, J. S., & Blakeslee, S. (1989). *Second Chances: Men, Women, & Children, a Decade After Divorce.* New York: Ticknor & Fields.

Wallerstein, J. S., & Kelly, J. B. (1977). *Surviving the Breakup: How Children and Parents Cope with Divorce.* New York: Doubleday.

Weiss, R. (1976). The emotional impact of marital separation. *Journal of Social Issues, 52*(1), 135-145.

Weltner, J. (1982). A structural approach to the single-parent family. *Family Process, 21*, 203-210.

Wolfe, G. (1982). *Art Therapy with Only-Child Early Adolescent Boys of Divorce.* Unpublished manuscript, Loyola Marymount University, Los Angeles.

제4장

알코올 중독자 가족 미술치료

Gayle M. Callaghan

알코올 중독은 알코올 소비와 직접적인 관련이 있는 사람이 심각한 손상을 경험하는 것으로 정의되어 왔다. 장애는 심리적 또는 사회적 역기능에 관련될 수 있다. 알코올 중독은 직업, 학교, 재정 문제, 가족 및 친구 관계 그리고/또는 신체적 건강 문제를 야기하는 음주 조절의 상실로 특징지어진다. 알코올 중독자는 음주로 인해 발생하거나 문제의 존재를 인식하거나 신체적으로 위험할 수 있는 상황(운전 시 또는 장비 사용 시)에서 알코올 사용의 위험을 인지하고 있음에도 불구하고 계속 음주를 한다.

Deutsche(1982)는 미국인 3명 중 2명이 술을 소비한다고 지적한다. 게다가 Black(1981)은 이 대다수의 가족 6명 중 1명이 구성원의 알코올 중독에 영향을 받을 수 있다고 지적한다. Leiken(1986)에 따르면, 미국의 900만 명에서 1,300만 명의 알코올 중독자를 기준으로 했을 때 알코올 중독은 약 3,400만 명에서 5,200만 명의 가족의 삶에 영향을 미친다. 그것은 교통사고 사망자의 40%, 체포자의 1/2 그리고 많은 입원율과 관련이 있다. 그러므로 알코올 중독은 개인 또는 가족 문제일 뿐만 아니라, 사회 전체의 문제 중 하나이다. 가족의 이러한 연루는 '공동 의존성'이라고 칭하며, 가족 구성원이 알코올 중독에 대처하고 은폐하기 위해 어떻게 일을 하는지에 대한 암묵적인 규칙을 수반한다.

부모의 알코올 중독의 영향에 대한 우려는 새로운 것이 아니다. Warner와 Rosett(1975)의 부모의 음주 내력에 대한 검토는 심지어 고대 그리스 철학자들도 이 문제를 논의했다는 것을 보여 주지만, 1900년대 초기에 이르러서야 아동방임이 부모의 알코올 중독의 부작용으로 처음 조사되었다.

알코올 중독 문제에 대한 관심은 약 50년 전 두 명의 알코올 중독자가 '질병'을 조절하는 데 있어서 상호 지원의 가치를 인식하고 회복을 위한 12단계 프로그램과 '익명의 알코올 중독자 모임(Alcoholics Anonymous: AA)'를 수립할 때까지 점점 시들해졌었다. 이를 확대하여, 1950년대에 Alanon, Alateen 그리고 다른 상호 지원 단체들이 시작되었고, 1970년대에 '알코올 중독자 성인 자녀들(ACOA 또는 ACA)'이 그 뒤를 이었다. AA의 성공과 함께, 12단계 형식은 약물, 과식, 섹스 그리고 심지어 '일 중독' 같은 많은 기타 중독을 포함하여 확대되었다. 이러한 지원 집단의 증언형식으로 벌어지는 치료에 대한 말이 퍼지면서, 중독 희생자들은 동료들을 통해 도움의 가능성을 보기 시작했다. 이제 AA의 장(chapters)과 관련 프로그램은 전국 그리고 국제적으로도 찾을 수 있다.

1970년대 초, 이 문제가 '공론화'되면서, 일반적으로 과학계나 사회는 가족 내 알코올 중독에 대한 생리적, 유전적 그리고 심리적 영향을 탐색할 필요성을 알았다. 그로 인해 개인의 문제로 알코올 중독에 집중하던 태도에서 가족의 질병으로서 알코올 중독에 치중하는 것으로 바뀌었다. 현재 치료 목표는 구성원이 부적절한 역할과 병리적인 의사소통 패턴을 무기력하게 영속시킴으로써 고립된 고통에 대한 가족 의식을 완화하는 것과 관련 있다.

　이 장에서는 미술치료가 병리적인 가족 상호작용을 명료하게 정의하기 위해 어떻게 효과적인 양식이 될 수 있는지, 그리고 빈약한 의사소통 패턴이 구성원의 불건강함과 문제적 행동을 어떻게 조성하는지를 보여 준다. 일단 밝혀지면, 이 정보는 가족 역동에서 더 건강한 치유 패턴으로 '전환'할 수 있는 치료 개입의 토대로 제공된다.

알코올 중독자 가족

　알코올 중독의 심각성 수준이 다르듯이, 가정환경에서 알코올 중독을 야기하는 혼란의 심각성 수준 또한 다르다. 일부 알코올 중독자 가족은 다음에 기술된 몇 가지 특성만으로 표시될 수 있는 반면, 어떤 가족은 많게 또는 전부 해당될 것이다. 그러나 가족 내 알코올 중독 수준이 어떻든 간에, 구성원은 대개 그들 상호작용 패턴에 너무 단단하게 결속되어 있기 때문에 치유의 변화를 위한 일부 외부 개입이 필요하다. 그 개입은 심리치료사, 자조집단(AA와 같은) 또는 이상적으로는 두 가지의 결합 형식으로 나타날 수 있다.

　가족 상호작용에서 알코올 중독이 중심이기 때문에 알코올 중독자의 존재는 알코올 중독자 가족을 만든다. Stark(1987)는 불안, 긴장, 혼란, 부인, 낮은 자기확신, 두려움, 고립 그리고 묵비권 행사가 스며드는 것으로 알코올 중독자 가정 분위기를 묘사한다. 이러한 특성은 알코올 중독자의 행동으로 만들어진 중독 환경에 대

〈표 4-1〉 알코올 중독자 가족 구성원의 특징

정서	사고
불안, 긴장	혼란, 무기력감
막연한 두려움, 공포	통제 불능
고립의 두려움	죄의식
실망, 수치심	걱정, 예민함
슬픔, 우울	가혹한 자기비판
분노, 짜증	낮은 자존감
기분장애 유발	확신감 결여

부인 존재	개인적 수행
비난, 죄책감 부여하기	감정 표현의 어려움
정보 필터링	친밀감 결여
선택적 기억	과업 완성 어려움
'말하지 마라, 믿지 마라, 느끼지 마라.'†	경직된 단호함
비동의 불허	과도한 통제
사실을 말하기 쉬운 때 거짓말하는 것	충동적 행동
과도한 충성하기	책임감이 과도한 행동 또는 무책임한 행동
알코올 중독자 기능 저하를 변명하는 것	어울리지 않는, 다른 느낌
	무기력한 태도

부양가족의 역할	아동 수행(추가적인 특성)
책임감 있는 사람*/ 가족 영웅†	과잉행동
조정자* / 잊힌 아이†	말더듬 / 말을 더듬기
화해자* / 마스코트†	학교문제
행동화하는 아이* / 희생양†	또래 및 이웃과의 싸움
역할 반전(부모화된 아이)	반사회적 행동
역할 혼란	차세대 약물남용
반사회적 역할 모델링	

가족 상호작용과 구조	
불일치	무기력한 태도
예측 불가능	잔소리, 강요, 비난
신뢰할 수 있는 지지의 부족	알코올 중독 중심
경계 모호성	이중, 혼합 또는 불분명한 의사소통 패턴
편향된 동맹	깨지고 잊어버린 약속들
지목된 환자 증상을 유지한 항상성(알코올 중독으로 집중력 결핍)	형제 갈등
공동 의존자 또는 '능동자' 부모에게 속박을 유지하는 유아화된 아동	형제 간 의사소통의 결여
	언어적 학대
	신체적 학대
	부모 방임

출처: * Black (1981). / † Wegsheider (1979).

처하려는 가족의 시도에서 비롯된다. Black(1981)은 비록 원만히 일하는 가족의 명확한 지표가 일관성일지라도, 알코올 중독자 가족으로 산다는 것은 지속적인 비일관성과 예측불가능성을 의미한다는 것을 의미한다고 덧붙였다. Deutsche(1982)는 알코올 중독자의 비일관적인 행동을 '지킬박사와 하이드' 효과로 언급한다. 이러한 가족의 아이들은 어떤 날은 용납될 수 있는 습성이 그다음은 처벌이 될 수 있는 상황을 이해하려고 노력해야 한다.

〈표 4-1〉은 알코올 중독자 가족 구성원의 공통적인 특징을 열거한다. 이 주제의 연구과정에서 알코올 중독자와 가족의 가장 일반적인 방어 기제는 부인이라는 것이 분명해졌다.

Black(1981)은 알코올 중독자 가정의 부인(denial)은 세 가지 기본 규칙 형태를 취한다고 말한다. '말하지 마라. 믿지 마라. 느끼지 마라.' 이러한 규칙은 다음과 같은 방법으로 명시되어 있다.

가족 구성원이 알코올 중독에 관하여 외부인에게 이야기하는 것은 가족에게 '문제'가 있다는 사실에 주목하게 하여, 구성원이 가족을 수치스러워할 수 있다. 겉으로 정상적으로 보이는 것은 대처하는 데 도움을 청하지 못하게 하는 구성원의 높은 대가로 유지된다. 정보의 왜곡과 선택적인 '필터링'은 알코올 중독자 가족의 특징적인 의사소통 패턴이다.

구성원은 그들의 외관을 영속화하기 위하여 역할을 바꾸거나 되돌릴 필요가 있을 수 있다. 공동 의존 배우자는 알코올 중독인 파트너가 계속 불참하거나 수행이 저조한 것에 대하여 타인에게 변명함으로써 알코올 중독자에게 책임을 지울 수 있다. 부모화된 아이는 요리, 청소, 공과금 납부 그리고 집안 운영 등을 하면서 자기 자신 그리고 알코올 중독 부모를 돌보는 것을 배울 수 있다. 공동 의존 배우자는 알코올 중독에 대처하는 것에 너무 집중해서 부

모가 술에 취해 야구장에 나타난 것에 대한 아이의 굴욕감, 잊어버
린 약속에 대한 아이의 실망감, 또는 술에 취한 부모와 함께 차를
타는 것에 대한 아이의 두려움을 인식하지 못한다.

공동 의존자는 문제가 사라질 것이라는 희망으로 그 문제를 무
시하라는 암묵적인 지시를 받는다. 또한 가족 구성원은 그들의 생
각과 감정에 대해 서로 말하는 것이 허용되지 않는다. 대신 더 강
한 메시지는 '문제를 일으키지 말라'는 것이다. 예를 들어, 술 취한
아버지가 저녁 식사 접시에 머리를 박고 기절해서 아이가 불편함
을 느낀다면, 어머니는 "뭐가 취했니? 무슨 문제?"라며 이 사건을
넌지시 무시하고 있다. '괜찮지 않다.'는 그들의 상황 인식은 문제
의 인정과 정정에 대한 가족의 거절로 부정된다는 것을 배운다.

오랜 기간 동안 '말하지 마라.'는 규칙을 고수하면서, 아이는 자
신의 판단력, 혹은 자신이 온전한 정신인지를 의심하게 될 수도 있
다. 이 의심은 종종 성인기까지 지속될 수 있는 특성으로, 결정 내
리는 데 어렵거나 무력감을 느끼는 것과 같이 다른 영역으로 파급
된다.

'믿지 마라.' 규칙은 일관성이 없고 예측할 수 없는 행동에서 비
롯된다. 알코올 중독자나 공동 의존 부모는 모두 아이에게 경청하
고 민감하게 반응할 수 없다. 알코올 중독 부모는 아이를 지도하
고, 모델화하고, 집중하며, 영양을 공급하고, 보호하는 능력이 부
족하다. 이러한 알코올 중독자의 성인 자녀는 종종 아동기가 없었
고 자기돌봄 또는 단순히 즐기는 것을 어려워한다는 것을 느낀다.

알코올 중독자 가정의 환경은 토론과 지지 대신에 논쟁, 구타,
눈물을 제공하여 불안하고 긴장된다. 언어적 부인처럼 신뢰하지
못하는 것은 이런 중독 환경에서 성장기를 잘 견뎌 낼 수 있는 특
성이다.

'느끼지 말라.' 규칙은 이런 환경에 살고 있는 알코올 중독 가족 구성원이 겪는 고통에 대한 인식 부족을 통해 배우게 된다. 그들에게 느낀다는 것은 고통을 경험하는 것이다. 분노는 숨겨지고 우울증으로 된다. 실망은 비난과 죄책감으로 얽히게 된다. 무기력감은 수치심과 결함이 있는 느낌을 초래한다. 결국, 정신적 고통의 지속적인 부인은 감정과 연결이 완전히 끊기게 할 수 있다.

몇몇 연구는 알코올 중독자들의 아이들이 과잉행동, 약물남용, 비행, 무단결석, 인지장애, 사회 부적응, 신체화 문제(somatic problems), 기분장애 그리고 신체적 학대의 위험성이 높다고 지적한다. 이러한 사회적 어려움은 아이들에게 빈약한 자기가치감과 자기돌봄의 무능함을 강화하면서, 더 많은 거절에 처해지게 된다. El-Guebaly와 Offord(1977)는 정서와 행동 문제는 약물남용을 하지 않는 부모의 아이보다 모성 알코올 중독 부모의 아이가 6배 더 높다고 진술한다.

Schafer(1965)의 보고는 알코올 중독자 가족의 청소년은 외롭고, 고립되고, 안도의 필요를 느끼지만, 그들의 욕구를 만족시킬 수 있는 기술이 부족하다고 덧붙였다. 말더듬, 혼자라는 것에 대한 두려움, 야뇨증, 짜증 그리고 또래와의 싸움 또한 이러한 아이들의 잠재적인 부작용 목록에 있다. 심리적 및 정서적 문제 외에도, 임신 중 모성 알코올 중독은 태아 알코올 증후군이라는 신체적, 발달적 장애를 초래할 수 있다.

대부분의 연구는 그들이 성인이 되었을 때, 이러한 불행이 대대로 원가족의 역할과 역동성을 영속화시키는 짝을 찾는 경향을 나타낸다고 말한다. Black(1981)과 Wegsheider(1979)는 알코올 중독자 가정에서 아이의 역할과 이러한 역할이 성인 관계에서 어떻게 영속되는지를 설명한다.

알코올 중독자 가족 중 첫째(또는 외동) 아동에게 정기적으로 부여되는 역할은 '책임감 있는 사람'(Black) 또는 '가족 영웅'(Wegsheider)에 대한 것이다. 이는 모든 것을 통제하고 '평범한' 면모를 유지하는 부모화된 아이이다. 이 아이는 흔히 성취도가 높고 학교에서 지도자이며, 부모는 전수받은 아이의 능력을 자랑스러워한다. 이는 성인이 되면 점점 심각해지고, 경직되고, 통제되는 '일 중독자'가 되고, 긴장을 풀거나 즐거움을 갖는 데 어려움을 겪는 아이이다.

흔히 둘째, 중간 아이는 '조정자'(Black) 또는 '잊힌 아이'(Wegsheider)로 의사결정(책임자의 업무)을 책임질 일이 없기 때문에 어떤 상황에서도 오랫동안 적응할 수 있는 융통성이 있는 아이이다. 이 아이는 변화를 일으키지 못하는 무기력한 입장을 유지한다. 이 아이는 다른 사람을 돕기보다는 다른 사람에게 관심을 돌리는 기술을 터득한다. 이 아이는 고통을 피하기 위하여 '보이지 않으려고' 노력한다. 아이가 지나치게 의존적인 성인으로 성장하면서 무기력감과 통제 결여는 지속된다.

때때로 '화해자'(Black) 또는 '마스코트'(Wegsheider)인 막내는, 분쟁을 해결하고 가족을 위로하여 평화를 되찾기 위해 애교를 부리고 위로해 줄 것을 요청받는 사람이다. 화해자는 심지어 자신이 잘못한 일도 아닌데도 불구하고 이견을 내지 않으며, 가장 먼저 사과를 한다. 다른 사람들을 양육하고 '고치는' 이런 아이는 의사, 교사, 간호사, 심리치료사, 사회복지사와 같은 양육하는 성인 역할을 계속 할 수 있다. 이 '주는 사람'은 지속적인 관계의 균형을 맞추기 위해 종종 '받는 사람'인 짝을 찾을 것이다. 그때 파트너의 지지 부족은 원가족의 역동으로 영속화시킨다.

'행동화하는 아이'(Black) 또는 '희생양'(Wegsheider)은 가족의 관심을 흐트러뜨리지는 않지만, 비행 또는 문제적 행동을 드러낸다. 이는 알코올 중독자로부터 벗어나 '가족 문제'로서의 관심을 알코올 중독자에서 아이로 전환시킨다. 낮은 자존감, 자책감 그리고 부적절감 때문에 아이의 좌절과 격렬한 분노는 종종 반사회적 성인 행동으로 이어진다. 빈번하게 나타나는 아이의 이러한 행동은 알코올 중독자 그 자체보다 알코올 중독자 가족을 치료하게 하기 위한 것이다.

알코올 중독자 가족 미술치료

가족과 함께 지내지 않은 지 오래인데도 불구하고, 알코올 중독자 가족 구성원의 치료에서 가장 큰 어려움은 부인하는 것이며, 그것은 가족 상호작용 패턴의 기본으로 치료실에서뿐만 아니라 미래 관계에서도 지속된다는 것이다. 피해 가족 구성원은 그들의 건강하지 못한 역할과 열악한 의사소통 패턴을 속수무책으로 지속한다. '가족문제'로 제시된 알코올 중독은 드물다. 대신에, 일부 구성원의 행동 또는 기분 장애는(대개 이런 공동 의존자의 대처 시도에 기인하는) '지목된 환자의' 증상을 나타낸다.

알코올 중독자 가족의 치료 양식에서 미술치료의 가치는 은유와 시각적 상징으로 은폐된 요소 또는 무의식적 요소에 접근할 수 있는 능력에 있다. 일단 구체적 형태로 표현되어 만들어진 미술 작품은 부인의 장벽을 뚫는 수단이 된다.

가족 역동성과 구성원 역할은 가족 콜라주나 가족 그림으로 맨 첫 번째 또는 두 번째 미술치료 회기에서 명료하게 정의할 수 있다. 이 장에서의 사례는 가족의 미술 작품이 가족 역할과 상호작용 패턴을 어떻게 묘사하는지를 설명한다. 미술 작품 과정에서 드러난 정보는 결국 치료 개입의 근거가 된다. 거리 두기를 통한 안전에 대한 의식은 미술 재료의 이용에 의해 제공된다. 가족 내 개인에 대한 확인은 미술 작품을 비판단적으로 탐색하고 구체화하는 과정에 영향을 받는다.

여기에 치료사 유형에 대한 언급을 포함하는 것이 중요하다. 치료사가 제작된 이미지를 너무 빨리 해석하여 치료 초기에 지나치게 대립할 때, 가족은 다음 회기에 참석하지 않음으로써 거부감을 보일 수 있다. 가족 작품은 종종 잠재적인 이미지로 가득 차 있기 때문에 치료사에게는 너무 빨리 움직이게 하는 유혹이 될 수 있다. 그런 유혹에 굴복함으로써 치료사는 너무 이르게 가족을 잃거나 또는 기껏해야 공격에 대한 반응으로 강화된 방어를 다뤄야 하는 위험이 있다. 치료사는 치료를 유지하기 위하여 가족의 '힘' 있는 구성원과 지속적으로 합류하는 것이 필수라는 것을 알 수 있을 것이다.

가족은 심리치료와 AA, Alanon, ACOA 또는 기타 12단계 프로그램과 같은 지원 집단에 모두 참여할 때 최대의 이득을 얻을 수 있다. 비록 알코올 중독자가 AA 참여나 심리치료를 거부하더라도, 다른 가족 구성원은 치료를 통해 자신의 고통을 치유해 갈 수 있다. 알코올 중독자가 병을 유지하고자 고집함에도 불구하고, 다른 가족 구성원은 분리된 상태에서 고통을 지속할 필요는 없다.

치료 모형

가족치료와 마찬가지로, 일차 목표는 가족을 평가하고 가족이 '증상'을 어떻게 관리하는지에 대한 가설을 세우는 것이다. 가족이

121

알코올 중독자 가족 미술치료

치료받으러 올 때, 아이가 약간 '불편한' 행동을 보이는 대부분의 경우, 가족의 증상 소유자로 지목된다. 아마도 아이를 치료하기 위해 데리고 온 사람은 '권력자'일 것이며, 대개 '능동자' 또는 공동 의존 배우자로 치료를 계속하거나 치료를 그만두는 데 중요한 역할을 하게 될 것이다. 이 사람은 가족이 계속 치료를 받도록 하기 위해 '환자' 외에 치료사가 계속 합류를 유지해야 하는 사람이다.

심리역동, 의사소통 그리고 구조 이론의 결합은 이러한 가족과의 작업에서 개입에 유용할 수 있다. 혼탁하고 불분명한 의사소통은 알코올 중독자 가족의 특성이기 때문에, 가족 구성원이 경험과 작업을 토론할 때 치료사가 명확성을 강조하는 것은 특히 중요하다.

논리적인 시작은 가족문제에 대하여 개별 구성원에게 그림을 그리도록 요청하는 것이다. 그림을 완성하면, 구성원은 개별적으로 작품에 대해 질문을 받는다. 가족 구성원이 최소 세 명 이상이 참석할 경우, 가족 역동의 진단적 정보를 얻기 위하여 순환 질문(다른 두 사람 간의 행동에 대한 한 사람의)으로 첫 번째 과정을 따르는 것이 도움이 된다. 그 문제를 어떻게 다루어 왔고, 얼마나 성공적이었는지에 대한 질의가 이루어진다. 그런 다음 가족 구성원은 치료가 증상을 어떻게 변화시킬지를 기대하는가에 대한 그림을 그리거나 또는 콜라주 작업을 하도록 지시를 받을 수 있다. 유사점과 차이점을 논의하고 치료 목표를 수립할 수 있다.

다음 단계는 개별적인 가족 역할을 탐구하는 것이다. 이것은 세 가지 지침 모두 또는 일부를 사용하여 수행할 수 있다.

개인은 자신에 대해 어떤 것들을 설명하는 콜라주 사진 한두 개를 선택한다. 그리고 나서 그들이 선택한 순서로 한 장의 큰 화지에 사진 배치를 한다. 치료사는 누가 누구보다 먼저인지 순서나 사진 배치(누가 누구 옆에 있는가)에 특히 주의를 기울인다. 구성원은 그들이 선택한 이미지를 묘사한다. 구성원은 선택한 이미지에 대해 설명하고, 순서와 배치에 대해 느꼈던 것을 토론한다. 치료사는 적절하다면, 정보를 추가하거나 명료성을 요구할 수 있다.

두 번째 지시는 비언어적 공동 가족 그림을 포함된다. 이 과정에서 가족은 말하지 않고 화지에 함께 그림을 그리도록 지시받으며 끝마쳤을 때 펜을 내려놓는다. 또한 구성원은 어디서 그리고 어떻게 자신을 표명하도록 선택했는지 그리고 미술 과정과 순서에 대해서 토론을 해야 한다. 치료사는 그림을 그리는 동안 말을 하거나 색깔을 바꾸는 것과 같이, 규칙을 어겼는지를 묻는다. 언어적 가족 그림과의 유일한 차이점은 그림 그리는 동안 말하는 자유이다. 구성원은 첫 번째와 두 번째 그림에서 어떻게 행동하고 경험했는지에 대한 차이점을 토론할 수 있다.

'자유화'는 치료사의 지시에 따라 그린 그림이 아니라, 회기 중에 내담자가 자발적으로 그린 그림이다. 종종 이런 자유화에서 나타나는 강한 이미지는, 회기에서 명백하게 논의되고 있는 어떤 것에 대한 숨겨진 반응을 표현할 수 있다. 이 이미지는 가족 내 내담자 경험과 치료 자체의 태도에 대한 강력한 진술을 만들어 낼 수 있다. 알코올 중독자 가족의 개별 구성원과 함께하는 모든 유형의 비지시적 미술은 풍부한 진단 정보와 치료의 근원으로 제공될 수 있다. 미술에서 어떤 은유로 남아 있는 것은 생활 경험 관련으로 해석하는 것보다 '거리'에 대한 안전성을 유지하는 데 도움이 된다. 이런 방식에서, 내담자는 위협감 없이 작품의 의미 속으로 더욱 깊게 파고들려고 할지도 모른다.

증상에 영향을 받은 구성원은 낮은 자존감, 낮은 자기확신 그리고 무기력감으로 종종 고통받기 때문에 이러한 영역을 구축한다는 것은 명심해야 할 기본적인 문제이다. 내담자가 만든 미술에 대한 무조건적인 수용과 작품에 대한 주의 깊은 보관은 내담자 가치에 대한 진술이 된다. 토론을 통한 미술 작품 과정은 치료사에게 과정에서 나타나는 어떤 감정도 정상화하고 수용하는 내담자의 강점에 집중할 수 있는 기회를 제공한다.

임상 사례

13세의 Jim McKee는 백인 가정의 다섯 명 아이들 중 막내이며 IP였다. 아동의 증상은 무단결석, 반항행동, 단기간의 가출 그리고 분노폭발이었다. Jim의 주의력 결핍 과잉행동장애(ADHD)에 대한 McKee 부인의 (개인적) 진단에도 불구하고, 아동은 여전히 자리에 앉아서 회기 내내 집중했다. Jim의 차분한 위축, 내려보는 눈, 한숨을 볼 때 과잉행동보다는 오히려 우울증의 특성이 더 많았다.

Jim의 아버지는 중한 알코올 중독자였지만, '알코올 문제'가 있다는 것을 믿지 않았다. McKee 씨는 상당히 지성적이었지만, 예측할 수 없고 비일관적인 행동은 가정에서 정상적인 약속을 지키는 것에서도 어려움을 야기했다. Mckee 부인은 배려심이 있는 여성으로 보였지만, 히스테리성 성격장애와 심한 우울증 증상을 드러냈다. 그녀는 술을 마실 때 남편의 행동이 가정생활에 지장을 주었지만, '좋든 나쁘든' 남편과 함께 지내고자 한다고 말했다. 그녀가 만든 미술 작품 전반에 걸쳐 공동 의존적인 역할을 뚜렷이 볼 수 있었다.

McKee 부인은 빈약한 경계심을 나타냈고 종종 아이들에게 침범적이고 지나치게 통제하는 방식으로 행동하였다. 그녀는 지속적으로 안심과 주의가 필요했다. 그녀는 자신이 '무시당한' 것의 허용 수준에 도달했을 때 아이들에게 격노하며 비명을 지르고 짜증 내었다는 것을 인정하였다. 그녀는 McKee 씨에게 회기 동안 차분하게 경의를 표하며 말했다.

McKee 부인은 Jim에 대한 이전 진단에 추가하여, 16세 딸 Madonna의 과잉행동을 표현하기도 하였다. 회기 중에 Madonna는 종종 공상에 빠졌고, 다소 무기력한 태도로 움직이며 말했다. 그녀가 활기를 띤 유일한 시기는 어머니와 다투거나, 짜증 내거나, 또는 울었을 때였다. 그녀의 어머니가 과잉행동으로 인식한 것은 사실 기분 장애에서 흔히 볼 수 있는 과민성이었다. 그럼에도 불구하고, Jim과 Madonna의 증상을 얘기하면서, McKee 부인은 개인적 진단을 근거로 약물 그리고/또는 치료를 고집하였다. 그녀는 아이들에게 의사를 방문한 목적이나 또는 이미 투여된 후까지 처방된 의약품에 대해서 잘 알리지 않았다. 그녀는 이런 방식으로, 아이들의 대립이나 치료 거부에 대한 반응을 회피하였다.

McKee 부인의 첫째와 둘째 두 명의 자녀, Patrick과 Junior는 집 밖에서 살았다.

가운데 아이이자 유일한 딸 Madonna는 만성 우울증으로 Jim과 같은 클리닉에서 치료받고 있었다. 어머니처럼 경계감이 낮은 그녀는, 다른 사람들의 의견에 쉽게 영향을 받았다. 그녀와 어머니는 주기적으로 크게 의견 불일치를 보였고, 이는 소리 지르는 대결로 확대되었다.

넷째 아이 Robin(15)은 가족의 영웅 역할을 하는 것 같았다. 또래들에게 인기가 있는 Robin은 아버지가 부재중일 때 가족을 '담당'하고 의사결정을 짓는 데 있어서 Jim, Madonna, 심지어 어머니까지 우러러보았다. Robin과 Madonna는 상당히 친했고, Jim의 행동을 '바보'라고 부르거나 무시하면서 그들의 관계에서 대개 제외시켰다. Jim은 Robin의 지위를 부러워하는 것 같았고 형을 흉내내려고 시도하자, 가족들이 그를 질책했다. Jim이 가족의 비판이 '강해졌다'고 느꼈을 때, 그의 해결책은 누적된 격한 분노를 간직하면서 침묵하는 것이었다. 그의 침묵 또한 가족을 조종하는 데 유용하다는 것이 증명되었다.

그의 차트에 의하면, 2년간의 집단 치료 이후에도 Jim의 반항 행동은 개선되지 않았다. 집단 치료사가 Jim의 행동이 상당히 개선되었다고 진술하였더라도, McKee 부인은 Jim이 종종 학교에 결석하고 계속적으로 자신을 거역한다고 불평하였다. Jim은 어머니의 뜻에 순응하고 싶지 않을 때는 짜증을 내거나 또는 도망가거나 숨어버리곤 했다. McKee 부인은 종종 Jim이 짜증 내는 동안 자해하거나 물건을 부수는 것을 막기 위해 그야말로 그를 깔고 앉곤 하였다.

Jim의 집단 치료 지도자는 Jim이 개인 상담을 받기를 요청했다. Jim의 문제 행동 대부분이 가정환경과 연관이 있는 것을 염두에 두고, 나는 치료 접근으로 가족 미술치료를 권장하였다.

이 가족과의 첫 번째 만남에서, McKee 부인은 회기에 Jim을 동행했다. 자기소개와 질문을 받은 후, Jim과 McKee 부인에게 치료를 야기한 가족문제로 간주되는 그림을 각각 그리도록 했다. Jim은 두 아이에게 소리 지르는 마녀 같은 여성을 그렸다. 그는 '친구에게 물어보지도 않고 무언가 빌렸다고 소리치는 어머니의 사진'이라고 설명했다. Jim은 어머니가 항상 소리친다고 했다. McKee 부인은 Jim의 진술에 침묵했다.

McKee 부인은 모든 가족 구성원을 나타낸 [그림 4-1]을 그렸다. 그 그림에서, 그녀는 McKee 씨가 그녀를 망각한 채 미소 지으며, 병을 들고 있는 것을 보여 준다. 그녀는 혼란에 빠지거나 또는

[그림 4-1] 가족 모임

McKee 씨에게 공격적으로 한 손을 들고 있는 자신을 그렸다. 더
나아가, 혼란은 비와 웃는 태양을 나타낸다(이중 메시지). 웃고 있
는 다섯 명의 아이는 집으로 가는 길을 끊고 가로막는, 바리게이트
를 형성하며 전경에 나타나 있다. 아래층의 창문 부족, 불안전한
문, 끊어진 길 그리고 '바리게이트'는 침입으로부터 잘 방어된 가
족을 의미하였다. 세 개의 꽃과 세 개의 구름은 강한 부모 하위체
계가 결여된 가정에 양육으로 남겨진 세 명의 아이의 상징일 수도
있다. 아이들에 대한 그녀의 그림은 아이들을 배제하고 남편에 집
중하는 어머니의 공동 의존을 반영하는 부모로서는 완벽하지 못
했다. 아이들은 왼쪽의 Patrick부터 오른쪽의 Jim까지 연령 순서
(그리고 구체적인 것을 줄임으로써)로 보여 준다. McKee 부인은 남
편의 음주가 가족문제였다고 진술했다. 비록 Jim이 'IP'로 제시되

[그림 4-2] A 가족 콜라주

었지만, McKee 부인은 남편의 알코올 중독과 Jim의 행동을 연결시키지 않았다.

Jim은 첫 번째 회기에서 답변으로 어깨를 으쓱하거나 한 단어로 몇 마디 말했다. McKee 부인은 자신의 밀착을 알리는 신호로, 종종 Jim을 대변하였다.

가족 역동을 더 평가하기 위해, 나는 모든 가족 구성원이 두 번째 회기에 참석하도록 요청했다. McKee 부인은 남편이 참석하지 않을 거라고 이의를 제기했지만, 남편을 그렇게 하도록 설득해 보도록 노력하기로 약속했다.

부모와 집에 거주하는 세 아이 모두는 다음 회기를 위해 도착했다. 나는 가족에게 그들에 대하여 말했던 콜라주 사진을 선택하여 자신을 소개하고, 그들이 원하는 순서대로 큰 화지에 함께 사진을 배치하도록 했다. 이 지침은 가족 역동과 동맹을 규정하는 진단 자료를 얻기 위한 방법으로 선택되었다. [그림 4-2]는 그들의 반응을 보여 준다. 그들은 콜라주를 완성한 후, 이미지에 대해 논의하였다.

McKee 씨는 맨 먼저 왼쪽 상단 모서리에 사진을 배치했다. 그 사진은 나무들을 가로질러 성당 같은 아치형으로 이어지는, 고즈넉한 나무가 줄지어 서 있는 오솔길로 평온해 보였다. 작은 나무 두 그루가 오솔길 끝까지 한 블록을 이루고 있었고, 그는 이곳이 '좋은 곳'처럼 보인다고 말했으며 청소년으로 가득한 집에서 조용하고 고립된 장소를 찾기가 어려울 수 있다는 데 공감했다. McKee 부인은 비웃었지만, 무엇이 재미있냐고 묻기까지는 아무 말도 하지 않았다. McKee 부인은 McKee 씨가 거의 집 주변에 있지 않았으며 대개 '다른 곳'에 가 있었다고 진술하였다.

McKee 씨에 이어서, Robin은 아버지 사진 옆에 사진을 놓았다. Robin은 관객에게 조용히 하라고 경고하는 듯 무언을 언급하며, 배우가 되고 싶다고 말했다. Black(1981)과 Wegsheider(1979) 모형을 바탕으로, Robin이 '가족 영웅'이었다면, 그의 일은 모든 것을 좋게 유지하는 것이었는지도 모른다. 그 역할에서 Robin은 이미 '배우'가 되었을 것이다. 균형 잃은 파도 타는 사람에 대한 그의 이미지는 이 스포츠를 배우고자 하는 욕구로 설명되었다. 향후 회기에서, 균형을 잃거나 잠재적으로 위험에 처할 수 있는 스케이트보드 또는 파도 타는 사람 이미지는 아마도 가정에서 위태롭고 종종 불안한 환경으로 반영되어, Robin과 Jim 모두에게 반복될 것이다.

Jim은 오른쪽 상단 Robin의 사진 옆에 놓았다. 그는 '마법사의 제자' 의상을 입은 미키 마우스 형상이 사람들에게 장난치는 자신의 즐거움을 표상한다고 말했다. 내가 Jim에게 디즈니 만화영화와 친하지 않느냐고 물었을 때, 고개를 끄덕였다. 그러고 나서 미키의 속임수가 어떻게 역효과를 일으켜 그를 곤경에 빠뜨렸는지 기억하느냐고 물었다. 먼저, Jim은 무표정해 보였고, 그다음 재빠르게 너구리가 똑똑하다면서 너구리 사진으로 초점을 바꿨다. 또한 그들은 가족을 용감하게 지켜 준 매우 영리한 동물이라는 것을 덧붙였고, 나는 그것에 동의하였다. 그러고 나서 그런 영리한 동물이 종종 사람의 쓰레기통에 들어가 지저분하게 만든다는 이유로 비난받는다는 것은 불행하다고 말했다. Jim은 반응하지 않았지만, Madonna는 항상 자신의 일에 개입하는 그에게 화났다는 것을 단호하게 말했다. Robin은 Jim이 주기적으로 그의 옷을 가져갔다고 말하면서, Madonna의 발언을 지지했다. 나는 Jim이 '행동화하는 아이/희생양' 역할을 위임받았다고 가정했다. 앞에서 언급한 바와 같이, 이것은 IP에게 일반적인 역할은 아니다.

McKee 부인의 우아하게 차려입은 코끼리는 Jim의 사진 바로 아래 세워 놓았을 수도 있었다. 대신에 그녀는 McKee 씨의 '지점'을 차단하고, 함정으로 몰아서, 균형이 맞지 않은 각도에 사진을 놓는 것을 선택했다. 이것은 초연한 남편을 더 많이 통제하고 싶은 욕구를 보여 주었을지도 모르는데, 결국 그녀의 '균형을 잃은' 부모 역할로 내몰렸다. 그녀는 리터지컬 댄스(liturgical dance)를 추기 위해 의상을 차려입은 즐거움과, 응석받이가 된 코끼리처럼 되려는 소망을 반영한 장식을 설명하였다.

McKee 부인은 집에서 의무가 더 자유로워지기를 바라는 소망으로 자유의 여신상이 서 있다고 말했다. 이 자유의 이미지는 뒤이어서 그린 가족 그림에서 반복되었다. 나중에 McKee 부인은 자녀들을 데리고 Alateen 모임에서 많은 시간을 보냈고, '당신을 사랑하기 때문에' 모임을 위해 각 아이들의 행동에 대해 공책에 보관할 뿐만 아니라, 치료도 한다고 밝혔다. 나는 McKee 부인의 헌신을 칭찬했고 미래 개입을 위해 그 정보를 '저장'했다.

마침내 Madonna는 사방에 여백을 두고 유일한 공간에, 거대한 뼈를 가진 가난한 강아지를 놓았다. 그녀는 그 사진이 "귀엽다."고 짧게 말했다. 그 사진은 상당히 작았지만, 작은 이미지로 관심을 끄는 데 이바지했다. Madonna의 역할은 '잊힌 아이/조정자'인지 궁금했다. 그녀는 어머니의 정서성과 빈약한 경계심을 모델링해서 또래에게 지나치게 민감하고 쉽게 영향을 받았다. 그녀의 개별화 투쟁은 사진을 둘러싼 공간에 반영되었다.

콜라주 토론에 이어서, 나는 McKee 가족들에게 그림 그리는 동안 같은 색깔의 마커로 비언어적 그림을 그리게 했다. 구성원은 마커 펜을 내려놓음으로써 끝났다는 신호를 보냈다. [그림 4-3]의 그림은 그 결과물이다. [그림 4-2]에서 볼 수 있는 많은 특성이 반복된다.

그림이 시작되자, McKee 부인이 오른쪽 상단에 주황색 태양을 그리는 동안, Jim은 왼쪽 상단에 초록색 서퍼를 그렸다. McKee 부인은 대개 눈을 뜨고 있는 그림을 그렸지만, 몇 점의 그림에서 이 태양 이미지(이마에 별이 있는)를 반복했다. 그림이 진행되면서 McKee 부인은 자신의 느슨한 경계를 다시 반영했고, 그 밖의 모든 사람들의 '공간'으로 침입하여 들어가 하트와 꽃을 그렸다. 그녀는 [그림 4-1]에서 큰 아이 Patrick과 닮은 남성상을 쫓아서, 화지 중간에 춤추는 여성상을 놓았다. 그녀는 흥얼거리며, 처음에 Robin의 팔을 그렸고, 그러고 나서 Jim 주변을 그렸다. 그녀는 Jim에게 꽃 아래에 줄기와 잎(지지)을 그려 넣어 달라고 속삭이며 요청했다. 그녀의 태양과 여성은 눈을 감고 있는데, 아마도 가족의 역기능을 부인하는 표현일지도 모른다. '사랑스러운' 몸짓에도 불구하고, 그녀의 형상은 감동적이지 않다. 비록 Madonna의 검은 점이 공간을 침범하긴 하지만, 하단 인물과 나머지 그림 간의 연결이 끊어진 선은 남편과의 더 긴밀한 동맹의 욕구로 보일지도 모른다.

왼쪽 상단 Jim의 그림에서, 뒤집히고 흐트러진 서핑보드에서 나머지 가족을 구조하는 영웅적이고 근육질의 서퍼로 자신을 보여준다. Jim은 Robin(가족 영웅)을 더 닮고 싶은 욕망을 묘사했다. 다른 구성원은 '걸려' 있는 것처럼 보인다. 특히 서핑보드의 불길한 상어 같은 지느러미가 위로 돌출되어 있다(상어 이미지는 나중에 Jim의 몇몇 미술 작품에서 반복된다). Jim의 서퍼는 제트기에서 큰형을 맞이한다. 한 '소녀'는 줄기가 약한 열매나무 근처의 해안에서 지켜보며, 멀리서 가족을 관찰하고 있다. 이 형상은 치료사를 표상할 수 있다. Jim의 가느다란 꽃줄기는 어머니의 큰 꽃송이를 지탱하기에 불충분해 보인다. Jim 또한 태양에 있는 별에 초록색을 칠했다.

[그림 4-3] A 가족의 '비언어적' 그림

Robin은 '행복한 가족과 함께'(오른쪽 하단)라는 제목을 붙이면서, 가족을 따로 완성하여 그림에 덧붙였다. 그는 그림 주위에 경계선을 그렸다. 나는 Robin의 그림에서 그 가족과 같이 한집에 살고 있지 않는 두 형제가 집단에서 떨어져 보인다는 것에 주목했다. 또한 어머니에 대한 그의 이미지는 어린 동생들 사이에 놓여 있고, 반면 아버지 옆에 놓인 Madonna 그림은 흥미롭다. 나는 동맹에 주목하였고 근친상간의 가능성에 대해 궁금했다. 아버지에 대한 Robin의 그림은 눈에 초점이 없는 유일한 사람이며, 아마도 중독을 묘사하는 것일 수 있다. Madonna의 미소가 없는 형상의 그림은 혼란스러워 보인다.

Madonna는 Robin의 윤곽선에 닿지 않은 다른 꽃의 오른쪽 옆에, 검정색으로 수많은 꽃잎이 있는 빽빽하게 통제된 꽃을 그렸다. 두 번째 꽃은 자궁 같거나 또는 남근/고환 형태를 띠고 있어, Madonna의 성에 대한 나의 호기심을 촉발시킨다.

가족 그림을 그릴 때, McKee 씨는 앉아서 가족을 지켜보았다. 다른 가족원들 모두가 끝마쳤을 때, McKee 씨는 빨간색으로 약 10초간 '오리'를 그리고 나서, 다시 자리에 앉았다. 오리는 필기체 S로 그렸으며, 날개, 눈 그리고 부리를 추가했다. 그는 45년 동안 오리를 그렸고 그리고 그것이 그려 온 전부였다고 진술했는데, 변화에 대한 저항의 울림이었다.

토론하는 동안 가족들은 그림 순서를 확인할 수 있었다. 가족원에게 주목한 것에 대해 묻자, 3명의 아이 모두가 '말하지 않는' 규칙을 어긴 McKee 부인이라고 했다. 비록 대립 상황에 놀라고 당황스러운 표정이었지만, 그녀 역시 미소를 짓고 있었다. 그녀는 이미 집에서 알아차린 유일한 때는 소리질렀을때(행동화)라고 밝힌 바가 있다.

회기의 마지막 그림에서([그림 4-4])에서 가족 구성원은 여전히 한 가지 색깔만 사용하면서, 언어적 그림을 그리도록 요청받는다. 다른 가족원과 아버지와의 관계를 좀 더 알아보기 위해, 나는 각 가족원에게 언제 그리고 어디서 그림을 그릴지 알려 주면서 McKee 씨에게 이 그림의 '보스'가 되어 달라고 했다. McKee 씨는 내가 상기시켜 줌에도 불구하고 지시에 저항하며, 그들이 원하는 방식이 있는지를 묻고, Madonna에게, 그리고 마지막으로 McKee 부인에게도 물어보았다. 그는 그림 그리는 동안 아무런 지시를 하지 않았고, 그저 지켜보기만 했다. 그의 무능함 혹은 지시의 거부는 가정에서 부모로서 쓸모없음을 보여 준다.

이 그림에서 Jim은 "나……나."라고 쓴 것을 제외하고, 서핑 영웅을 반복했다. Jim은 다른 색깔(어두운 파란색)을 추가하여 구체적으로 새로운 것을 약간 그려 넣었다. 서퍼는 미소 대신에 이제 완전히 물 밖으로 나와 작은 서핑보드 위에서 소리 지르고 있다.

[그림 4-4] A 가족의 '언어적' 그림

서퍼의 몸통은 더 구체적이었고 날카로운 파도에 뒤덮인 것처럼 보인다. 성별의 구별이 없고 더욱 적극적으로 보이는 '소녀'가 지금은 더욱 튼튼한 줄기이지만 더 이상 땅으로부터 지탱받지 못하는 열매 없는 나무 옆 바위섬에 서 있다. 형상 사이에 그려진 하트는, 이번에 Jim(McKee 부인보다)이 그렸고, Madonna가 색칠했다. 이번에는 Junior가 가족 이미지에서 제외되었다.

관심 끌려는 Jim의 가슴 아픈 시도는 가족 이미지에서 드러난 정보에 대한 그의 불편함을 나타낼 수도 있다.

Madonna는 회색으로 머리카락을 상당히 강조한 여자상을 그렸다(활동적인 환상과 연관된). 그녀의 담배 피고 있는 사람은 구강기 욕구(강아지 같은)와 공격성을 또다시 반영하고 있다. 그 형상은 원피스를 입고 있지만 여성적인 특징은 없다. 꽉 움켜진 손, 경직된 자세 그리고 곁눈질하는 눈은 그녀의 불편함을 반영하는데, 아마도 너무 많이 드러냄으로써 '통제할 수 없는' 것에 대한 두려움일지도 모른다. 그녀의 구분된 지면은 Jim의 그림을 억누르는 것을 나타낸다. Jim은 구분을 무시하고 Madonna가 그린 형상의 다리와 골반 위에 남근으로 보이는 제트기를 침범하여 그렸다. 아주 작은 막대 형상은 큰 여성으로부터 도망치는 것으로 보인다.

또한 Robin은 파란색으로 위태롭게 점프하는 스케이트보드 타는 사람을 그렸다. 구경꾼들의 함성에도 불구하고, 스케이터는 걷잡을 수 없이 쓰러질 것 같다. 스케이터의 머리카락은 이전에 그린 Robin의 자화상과 비슷하다.

McKee 부인은 리터지컬 댄스를 추는 자신을 그렸다. 또다시 그녀의 눈은 감고 있다. 이번에는 발이 없다(움직일 수 없는 무력감을 반영). 그 형상은 [그림 4-2]의 자유 이미지와 비슷하다. 그녀는 주술적인 관행으로 종종 사용되는 상징인 원형의 별을 포함한다. 이

전 그림과는 대조적으로, 이번에는 McKee 부인 자신의 공간에 주로 머물면서 더욱 실질적인 모습을 그렸다.

McKee 씨는 모두 마칠 때까지 또 기다렸다가, 10초 동안 빨간 오리를 그렸다. 지시와 그림에 대해 논의하면서, 나는 McKee 씨에게 '보스'로서 소량의 지시만을 했다고 말해 주고, 평소 집에서 많은 권한을 행사하지 않았는지를 물었다. 그는 오히려 다른 사람에게 '그들 자신의 일을 하도록' 허락했던 것이라고 답변했다. 나는 아이들이 집에서 행동할 때, 불분명한 제한을 결정하는 방법을 어디에 두고 있는지가 궁금했다. 회기 후에, 가족 구성원은 가족 '규칙'을 명확히 정의할 수 없었다.

모든 가족 구성원에게 다른 가족 회기를 위해 다음 주 다시 참석할 것을 요청했다. McKee 씨는 모두 참석할 것이라고 단호히 말했다.

지금 회기에 이어, 내가 너무 빠르게 움직여 한 회기에서 드러난 풍부한 매체가 가족에게 압도적일 수 있다는 것을 염려했다. 그 염려가 타당하지 않았다면 가족이 단순히 모순을 드러냈을 것이다.

McKee 부인은 종종 아이들을 회기에 참석시키지 못한다고 말하면서 아이들에게 한계를 정하거나 권한을 행사할 수 없는 자신의 무능함을 드러냈다. 대부분의 회기에서처럼, McKee 부인은 피곤하고 우울해 보였다. 그녀는 토론에 집중하기 어려워했다.

나는 McKee 부인의 배경과 현재 목표를 탐색하는 데 그 상황을 기회로 활용했다. 그녀는 그림에서 알코올 중독 어머니의 학대와 방임으로 인해 자신이 안전에 의존할 수밖에 없는 아이였음을 드러냈다. 쓸모없고 일관성이 없는 남편과 결혼하면서, 그 역동을 계속 유지했었다. 다른 구성원의 관심을 끌었던 유일한 방법은 '신경 쇠약'으로 분노 발작할 때라고 설명했다. McKee 부인은 박탈감을 느꼈지만, 빈약한 자기가치감과 자격지심 때문에 다른 가족의 관심을 끌도록 유도하게 되었다. 그녀는 좌절을 폭발 수준까지 마음속에 두는 경향이 있었다. 그리고 나서 우연히 주변에 있는 사람(보통 Jim 또는 Madonna)에게 소리 지르곤 했다.

내가 McKee 부인에게 자신의 어려움을 돕기 위해 심리치료를 고려했는지를 물었을 때, 그녀는 과잉행동과 행동화하는 아이의 부모를 위한 '당신을 사랑하기 때문에' 모임뿐만 아니라, 세 개의 다른 12단계 프로그램을 시도했다고 답변했다. 나는 개인치료로 집단 모임을 보완하는 것을 권장하였고, 그녀는 도움이 될 것이라고 동의했다.

회기가 끝날 무렵, McKee 부인은 Jim이 차 안에서 기다리고 있었지만, 들어오도록 설득하지 못했다고 말했다. 이때까지만 해도, 그녀는 (생략으로) 혼자 왔음을 암시했다. 나는 McKee 부인이라면 자신을 위한 치료를 원했는지 궁금했지만, 그녀는 자격 부족(가족 회기에 저조한 참석 같은) 때문에 변명 없이 자신에게 치료를 제공할 수 없었다. Jim에게 출석 거부를 허용하면서, 개인치료 회기를 가졌던 것 또한 McKee 부인이었다.

이러한 패턴은 치료 내내 여러 번 발생하였다. 한 주부터 다음 주까지 일관성이 없었던 참석에는 종종 한 부모와 한 명의 자녀 또는 두 자녀, 또는 McKee 부인만 해당되었다. McKee 부인은 회기에 단순히 저항적인 구성원을 모을 힘이 없었다고 말했다. McKee 씨는 가족 심리치료(또는 다른)에서 거의 이득이 없었으며, 그래서 지원을 거의 하지 않았다. 치료 내내, 메시지 전달을 '잊어버리고', 혼합 및 이중적인 의미를 보이는 것은 McKee 가족의 예상된 의사소통 형태임이 증명되었다.

다음 회기에 McKee 부인은 Jim만 데리고 왔다. McKee 씨의 저조한 참석은, 자녀에게 미친 영향과 자녀의 어려움에 대한 그의 역할을 회피하려는 시도였을 것이다.

나는 Jim과 McKee 부인에게 둘만 있을 때와는 달리 가족 전체가 있을 때 어떻게 다른지에 대해 각각 콜라주 작업을 하도록 했다. 그들에게 그것이 무엇인지를 설명하는, 각 그림 옆에 제목이나 몇 개의 단어를 쓰도록 했다.

그들의 작업을 논의하면서, Jim은 (지시에 저항하면서) 자신이 좋아하는 어떤 것에 대한 콜라주를 만들라는 지시를 생각했다고 했다. 이러한 '듣지 않음'은 가족 내에서 Jim의 힘에 기여하는 것뿐만 아니라, 열악한 의사소통 패턴의 일부임을 증명하였다.

Jim의 콜라주에서 다음의 이미지를 골라 화지 주위의 대칭적 패턴으로 조심스럽게 놓았다. 왼쪽 상단에는 알코올 중독자 가정에서 결국 분노 수준으로 누적된 경험으로부터 폭발로 치솟는 큰 일식 그림이다. 실제로, 그가 이 알코올 중독자 가정에서 경험했던 덧없는 힘은 결국 폭발적 수준으로 억압되어 있었다. 이 이미지가 Jim의 (그의 어머니의) 분노폭발에 대한 표상이 아닐까 하는 생각을 했다. 빛을 잃은 태양 아래에는, 나무를 배경으로 한 호수 가장자리에 2층 목조 집의 그림이 있다. 서핑보드 옆에 구명조끼가 있지만, 사용하지 않고 있으며 사람이 없다. 집으로의 유일한 접근은 (배를 타고) 선착장이나 또는 뒤쪽의 덤불을 걸어가는 것으로 보인다. 모두 반사되는 창문임에도 불구하고, 그 집은 고립되어 있고 침입으로부터 잘 보호된 것으로 보인다.

콜라주 오른쪽에, Jim은 제트 동력 좌석을 낙하산에서 떨어뜨려 제트기와 혼합하여 모두 원형 패턴으로 움직이는 미래 외계인의 사진을 놓았다. 전체적인 정서는 위태로운 혼란과 위험 중 하나이다. 오른쪽 하단에는, 방사선 낙진 대피소(a fallout shelter)에서 보드카 한 병, 촛불 그리고 작은 깃발이 있는 테이블에 앉아 있는 정신 나간 러시아인의 만화를 놓았다. 러시아인의 고통은 땅을 뚫고 피난처를 향해 돌진하는 세 개의 폭탄에서 비롯된다. Jim은 폭탄이 폭발을 일으킨 사람을 겨냥하여 폭발음을 냈다고 진술했다(이것은 Jim의 마법사의 제자, Mickey 그리고 폭발음을 낸 마법을 떠올리게 했다).

Jim은 중앙에 2개의 이미지를 놓았다. 맨 위의 이미지는 고속 필름으로 우유 방울의 사진과 매우 비슷한 파란 액체로 보이는 형태의 초현실적인 세계를 보여 준다. 마치 세계는 액체로 다시 튀어 들어가기 전에 관찰할 수 있는, 아주 순간적으로 일어나는 것처럼 보인다(지속적으로 참석하지 않는 이해하기 어려운 가족 구성원처럼). 빛의 근원이 암시되어 있긴 하지만, 해질녘 어두움 같다. 하단 이미지는 마치 경주하듯 줄지어 지나가는 빨간 헬멧을 쓴 운전자와 스노우모바일, 속도의 또 다른 상징, 잠재적 위험 그리고 단기간의 관찰에 대한 것이다. 나는 Jim이 이전 주의 빠른 속도와 압도되는 정보에 반응했을 뿐만 아니라, 결국 지시사항을 처리했다는 것을 믿는다.

McKee 부인은 [그림 4-5]에서 나타낸 콜라주를 만들었다. 왼쪽 상단에서 시작하여, 정체성 혼란을 나타냈다. 그녀가 미국 인디언의 일원이라는 것에 자부심을 가지고 있음에도 불구하고, 표정은 다른 민족성을 반영한다. 그 사진은 AA와 ACOA 간 '울타리 치는' 여성에 대한 만화이다. 앞서 논의했듯이, McKee 부인은 단지 12단계 프로그램에 참석해야 하는지를 결정하는 데 어려워했다. 오른쪽으로 이동해서, 그녀는 "술 마시고, 그리고 삶을 똑바로 볼 수 없어요…… 그것 때문에 가족에게 상처 주고 있어요. 그는 마음과 시야에 온통 안개가 꼈어요."라며 남편에게 보여 주었다. 나는 사진에서 그 남자를 다루는 사람은 공동 의존을 시사하는, 여자라는 것을 알아챘다. 오른쪽에, McKee 부인은 어린 소녀가 네 번째 사과를 소년의 입에 가져다 대어, 사과를 입에 문 소녀를 나타내는 사진의 선택에서 자녀들의 경계 설정 시도에 주의를 기울이는 것에서 그녀의 침범과 곤란함 모두를 보여 준다. Jim은 어머니가 가족에게 계속해서 강요했던 '건강한 음식'을 싫어했다고 반응했다. 오른쪽 하단에서, 큰 아이가 어린아이로부터 사탕을 받고 있는 것은 McKee 부인이 가족에게 영향을 미치고 제한을 설정하는 데 무기력했던 경험을 보여 주고 있다.

중앙 하단에서, McKee 부인은 소년에게 자동차 수리에 대해 가르치는 한 남자의 이미지를 놓았다. 그녀는 McKee 씨가 술에 취해 외출하지 않았을 때, Jim과 함께 시간을 내 일했다고 진술했다. 아버지와 함께 한 일이 즐거웠냐고 물었을 때, Jim은 열정이 거의

[그림 4-5] 가족에서 McKee 부인의 역할

없었지만, "예"라고 말했다. 나는 어쩌면 Jim이 아버지와 함께 회기를 하고 싶어 할지도 모른다고 제안했고, McKee 부인은 흥분해서 "좋은 생각"이라고 말했다. Jim은 애매한 표정이었지만, 아버지를 참석하도록 초대하는 데 동의했다.

왼쪽 하단에, McKee 부인은 아이를 혼자 힘들게 끌면서 달려오는 여성에 관한 엄마와 아기의 만화 사진을 놓았다. 그녀는 종종 Jim을 13세보다 더 어린 아이(9세 정도)처럼 대했고 Jim이 저항할 때 그에게 회기에 가라고 항상 소리쳤다는 것을 인정했다. 마지막으로, 왼쪽 가운데에는 각각 '가족'이라는 제목의 두 장의 사진이 있다. 위쪽 더 작은 그림에서는, 할머니, 부모 그리고 5명의 아이가 미소 지으며 추운 겨울 밤 옹기종기 모여 있는 것을 보여 준다. 이 이미지는 사진 때문에 불편함에 대한 부인을 의도하는 것을 묘사한다. 더 큰 그림에서, 가족이라고 보기 어려운 다섯 명의 어린 축구 선수가 명패를 들고 두 남자와 서 있다. McKee 부인은, 이것은 가족 사진이 아니었다는 것과 정말로 모두 여성(어머니)이 부족했다는 것을 알아차리고는 깜짝 놀랐다. 아마도 그녀는 Robin이 부모 역할을 하는 동안, 부모보다 이 '팀(가족)'의 한 명처럼 대우받았을 것이다.

Jim과 어머니의 관계를 더 발전시키기 위하여, 나는 각각 하나의 마커 색깔을 전체적으로 유지하면서, 비언어적 공동 그림을 그리도록 했다. Jim은 초록색 그리고 어머니는 갈색을 사용하였다. [그림 4-6]에 나타난 그림에서, Jim을 통제하려는 어머니의 시도는 또다시 분명하다. McKee 부인은 선생님으로부터 부당한 대우를 받았던, Jim의 학교 경험 중 하나로 보이는 그림을 그렸다. 그녀는 소란을 피우는 것보다 더 낫다고(수동적으로 복종하는) 말하면서, 권리주장보다 그 상황을 무시하는 Jim의 선택을 칭찬했다. 어떤 수업이었는지 정확한 상황을 알 수 없었기 때문에 그녀는 Jim 에게 물었다. 프런트 데스크에서 웃는 Jim의 표정은 그의 존재감 과 그 이야기는 그의 것임을(어머니의 것이 아니라) 나타냈다.

Jim은 왼쪽에 높고 뾰족한 산을 그렸고, 벼랑 맨 위 단단한 판에 염소를 그렸다. 나는 Jim이 어머니의 침범을 벗어나기 위해 위태 로운 상황을 기꺼이 무릅썼는지 궁금했다. McKee 부인은 언덕 아 래에 한 송이 꽃을 그렸고, 그리고 나서 염소의 위쪽을 향하는 흔 적을 이어서 그리다가, 마지막으로 염소가 쳐다볼 수 있게 별과 달 을 그렸다. 몇 번의 부정확한 예측을 한 후에, McKee 부인은 Jim 의 이야기가 발생한, 학급을 나타내는 근거지에 '다섯 번째'라고 썼다(Jim이 다섯 번째 아이였고, 또한 '다섯 번째'는 술병을 나타내는 방

[그림 4-6] 어머니와 아들의 속박이 반영된 A 가족 '공동 그림'

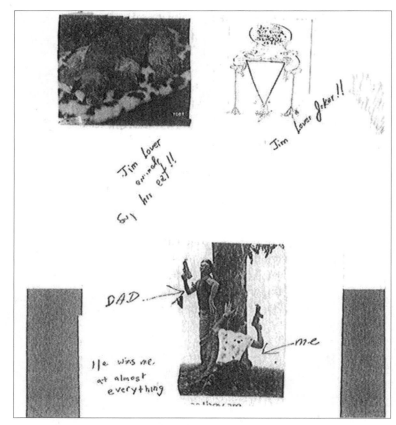

[그림 4-7] 아들의 이중 구속 상황을 보여 주는 아버지와 아들 그림

법이라는 것을 상기했다). Jim은 장난스럽게 '다섯 번째'를 모자 쓴 남자로 변형시켰다. McKee 부인은 Jim의 여성 그림 손에 약간의 꽃을 추가하고 옆에 이야기하는 여성을 그림으로써 자신을 포함시켰다.

이어진 토론에서, McKee 부인은 그림 그리는 동안 말을 함으로써 '규칙'을 무시했던 것이 다시 눈에 띄었다. 나는 '규칙을 지키지 않는 것'이 어머니 행동에서 빈번히 나타났다는 것을 발견했다. Jim의 공간으로 들어와서 McKee 부인의 그림에 대해 묻는 동안,

막내 아이가 성장하고 분리하는 것이 어머니에게는 특히 어려울 수 있다는 것을 공감했다. 나는 독립을 위한 욕구의 선언으로 Jim을 산에 있는 양으로 해석하였다.

회기가 끝날 무렵, McKee 씨가 다음 회기 참석에 초대되는 데 동의하였다. 그다음 주 McKee 부인은 '다른 할 일'로 거절한 반면, McKee 씨는 Jim과 동행했다.

지난주 McKee 씨에게 방법을 알려 주었고, Jim은 아버지와 함께 한 것을 즐겼다고 말하자, McKee 씨는 놀라며 온화하게 기뻐하는 표정이었다(대부분 회기에서, McKee 씨는 지루한 하품 이외에 어떤 정서도 보이지 않았다). Jim의 자존감을 높이고 아버지와의 관계를 탐색하는 노력에서, 그들에게 다른 사람들 중에서 각자 좋아하는 특성이 무엇인지에 대해 콜라주를 만들게 했다. [그림 4-7]은 2개의 콜라주를 보여 준다.

McKee 씨는 화지의 왼쪽 반 정도에 두 개의 그림을 놓았다. 휴식하는 강아지 밑에 "Jim이 동물을 사랑한다. 자신의 특별한 고양이!!"라고 썼다(콜라주 재료에는 고양이 사진이 있었다는 것을 주목하라). McKee 씨는 Jim이 고양이를 좋아하지만, 때때로 너무 거칠게 다룬다면서, 그의 칭찬에 일침을 덧붙여서 말했다. 중간에 만화 캐릭터들이 "Junior가 학업성적이 좋지 않지???"라고 말한다. 만화에 치아를 드러낸 커플은 서로를 가리키며, 삼각형의 두 각도를 만들고, 세 번째 점은 그들 아래 아이를 향한다. McKee 씨는 이 만화는 "Jim이 농담을 좋아해!!"로 제목 붙이고, Junior는 "잘 안되고 있어요."라는 그의 아들에게 만화를 연결시켰다. Jim이 다른 사람들에게 농담과 재롱을 부린 것을 즐겼다는 것을 인정하는 동안, 이 만화는 Jim의 다른 콜라주에 역효과를 내는지 그리고 부모의 갈등이 아이들의 증상에 어떻게 나타나는지를 상기시켰다. 이것은 혼합되고 이중적인 메시지를 분명히 보여 준다. 혼란에 대해 질문하자, McKee 씨는 중요하지 않고 무의미한 것처럼 대수롭지 않아 했다.

Jim은 콜라주에서, 아버지와 게임하는 것을 좋아했지만, "그는 모든 것에서 나를 이긴다."고 썼다. Jim의 그림은 페인트 총알로 '스플랫 총' 게임을 하는 두 젊은 남자를 보여 준다. 웅크리고 앉아 있는 한 사람은 뒤에서 여러 번 총을 맞았고, 상대편을 잘 못 보고 있다. 서 있는 사람은 뒤에서 또 한 번 매복하기 위하여 나무 주위를 몰래 다닌다. 그 콜라주는 패하거나 놀이가 아닌 무승부를 Jim에게 보여 준다(포기).

이것은 아버지와 아들의 세 번의 회기 중 첫 번째였다. 그다음 주에, Jim의 수학 수업과 그를 부당하게 대했던 선생님과의 어려움에 대한 주제가 발생했다. Jim은 종종 이야기와 농담으로 수업을 방해해서 징계를 받았다. 한 회기 내에서, McKee 씨는 여러 경우에 다음과 같은 충고를 주었다. (1) "너무 떠들지 마라." (2) "큰 소리로 말해라. 스스로 알아서 해라." (3) "낮추고 무시해라." 혼합된 조언은 Jim이 목소리를 높여야 할지 조용히 있어야 할지 확신이 서지 않게 했다. 가족에게 이러한 이중 메시지가 해석될 때마다, 아이들은 놀란 표정으로 먼저 대답하고 침묵하곤 했다.

토론하는 동안, Jim은 [그림 4-8]의 그림을 비지시적(자유)으로 그렸다. 이 그림에서 Jim은 역기능을 반영하는, 가족 희생양처럼 은유적으로 자신을 나타낸다. 나는 Jim에게 만약 그들이 말할 수 있다면 형상이 무엇이라고 말하는지를 물었다. 큰 코에 '드라이버' 상처를 입은 가운데 남자는 작은 의사처럼 가리키며 "날 봐." 그리고 "OK"라고 외친다. Jim은 왼쪽 하단에, 작은 여성 형상의 큰 손에는 구석에 쐐기를 박은 듯 날고 있는 연에 저주하는 것처럼 드라

이버가 가득하다고 말했다. 여자 형상은 날아가는 연(남편)을 잡으려는 불안한 어머니를 표상했을지도 모른다.

날개 달린 연은 그들의 첫 콜라주에서, 어떻게 McKee 부인이 McKee 씨의 고립된 장소를 함정으로 바꿨는지를 상기하게 했다. 연에 집중하는 동안 여성 형상에 주의를 끌려고 하는 사람은 드라이버로 부상당할 위험이 있다. Jim의 그림은 아버지의 알코올 중독의 중심성과 그로 인해 아이들에게 주는 피해를 반영한 것으로 보인다. 도움을 주는 작은 형상은 심각한 상처를 다루는 데 한계가 있을 수 있는데, 아마도 유의미한 차이를 낼 수 있는 치료 능력에 대한 Jim의 확신과 결여를 보여 주는 것일 수 있다.

회기 후반에, 모든 구성원이 참석을 요구했지만, McKee 씨와 그 부인은 Jim과 함께 도착했다. McKee 씨는 절대 귀 기울이지 않는 '형편없는 아이들', 그리고 아이들을 위탁 가정에 맡겨 놓고 그들을 자유롭게 한다면 그들 모두가 어떻게 더 잘 살게 될지에 대하여 중얼거리며 앉아 있었다. McKee 씨는 이 일에 진지하냐고 물었을 때, 피곤하고 우울해 보이면서 앉아 있는 그의 아내처럼, "예." 라고 중얼거렸다.

점토는 이미 세팅되어 있었고 Jim은 아버지가 '아이들은 쫓아내라'는 것에 대하여 말했을 때처럼 검은 권총을 모델로 삼았다. 나는 아버지의 이런 말을 듣는 것이 어떤 기분인지 Jim의 경험에 대해서 물었다. Jim은 "미쳤어."라며 거의 들리지 않는 속삭임으로 대답했다. 그리고 나서 나는 McKee 부인에게 Jim의 반응을 들었냐고 묻자, "Jim은 절대 말하지 않아요."고 답변했다. 그의 대답을 들을 수 있도록 반복해 달라고 요청하자, Jim은 그렇게 했다. 이 시점에서, 나는 아마도 Jim의 '절대 말하지 않는' 것 같았던 것이 사실은 그의 말을 듣지 않은 것이라고 설명했다. 그런 후 가족에게

[그림 4-8] 가족 희생양으로서 자신을 나타낸 Jim

점토로 무엇인가 함께 만들도록 요청했다.

　가족은 무엇을 만들 것인가에 대한 계획을 세운 후, 과일을 만들기로 결정하였다. Jim과 아버지는 오렌지나 바나나처럼 일반적인 과일을 만드는 경향이 있었고, McKee 부인은 더욱 이국적인 과일을 만들었다. 이 차이는 그들의 성격 유형의 차이를 구체적으로 나타내는 것 같았다. 가족 식단을 통제하려는 McKee 부인에 대한 분쟁은 McKee 씨가 쿠키와 사탕을 만들 때 McKee 부인은 비타민제를 만듦으로써 분명해졌다. McKee 씨는 아내의 요리를 '참사 3번' 등등으로 지칭하였다. Jim은 그 후 과일을 담을 그릇을 만들었는데, 이는 가족과 함께 하고 싶은 그의 욕구를 나타내는 것일 수도 있다. 마침내 McKee 씨는 가족을 억제하고 통제하고자 하는 시도를 보이면서 그릇의 손잡이를 주조하였다. 그들의 작품이 완성되었을 때, 제목을 선택하라고 가족에게 요청했다. 마지막 결정은 '삶을 위한 음식'을 선택한 Jim에게 돌아갔다. 가족의 긴장 수준은 그들이 도착했을 때와 비교했을 때에 비해 상당히 낮아졌다.

이 가족이 만든 점토 작품은 핫한 자동차로 잘 하지 못해서 여기에 제시할 수 없었다. 이것은 특히 불행한데, 점토는 작은 형상을 조합하기 때문에 Jim의 중요하고 강력한 매체의 하나로 드러났다.

나중에 있을 가족 회기에서, 구성원에게 치료를 통해 해결하고자 하는 가족문제와 그 상황이 어떻게 달라졌으면 하는지에 대한 그림을 그리도록 요청했다. 세 아이 모두 어머니의 비명을 너무 많이 그렸다. 또한 Robin 그림은 가족이 함께 하는 일이 없고 McKee 부인은 요리를 하거나 집안일을 돕는 일이 거의 없었다는 것을 불평했다. McKee 부인의 그림은, 전혀 들리지 않는다는 것을 느끼면서도 항상 부재중인 아이들에게 귀 기울이고 있다고 불평했다. 분명히 아이들은 비명에 지쳐서 어머니를 무시하거나 또는 그냥 벗어나곤 했을 것이다. 그녀는 어떤 관심을 끌기 위하여 자신의 '실패' 중의 하나를 해야 할 것이다. 그녀가 짜증을 내면 아이들이 며칠 동안은 짜증의 효과로 행동을 잘할 것이다. McKee 부인과의 또 다른 회기에서, 그녀의 짜증과 '아이들에게 너무 많은 관심을 주는 것'을 메모장으로 보관하기를 역설적으로 설명하고, McKee 씨에게 '소외'를 느끼지 않도록 더 많은 관심을 기울이기를 제안했다.

늘 그렇듯이 McKee 씨는 내 매체보다는 주머니 속 자신의 펜을 사용했다. 그는 가족이 정한 몇 가지 규칙을 아이들이 지키지 않았다고 불평했다. 그러나 그러한 규칙들을 정의하도록 요청했을 때, 가족 구성원은 확정적인 답변을 주지 못했다. 아마도 그 규칙이 분명하지 않아서 더 잘 정의될 수 있을 것이라고 제안했다. 가족에게 중요하다고 생각하는 각각의 규칙을 목록으로 작성하도록 그 과업을 숙제로 요청했다. 예상대로 다음 모임까지 그 과업을 완성하거나 또는 기억하기까지 하였다.

회기 중에 가족들은 Jim과 그의 형 Robin 사이에 반복적으로 어떤 순서가 생겼음을 밝혔다. Jim은 형을 놀리거나 또는 형의 소유물인 어떤 것을 가져가곤 하였다. Robin은 Jim에게 "안 그랬단봐.", 그만두라고 경고했고, 두 사람은 장난으로 시작해서 싸움으로 번졌을 것이다. Jim보다 몸집이 크고 힘이 세기 때문에, Robin은 대개 우위였고, 패배를 피하기 위해 Jim은 무기를 취하곤 했다. 그런 사건에서, Jim은 Robin의 손을 칼로 베었다. McKee 부인은 McKee 씨가 집에 있다면 싸움을 말렸을 것이라고 말했다. 그러나 McKee 부인은 집에 있을 때 소년들로부터 마음을 닫고 다른 방으로 가서 관여를 거부하곤 했다. 자신이 개입할 기운도, 충분한 영향력도 없다고 느꼈다.

이 개별 회기에서 Jim은 종종 잠재적 위험, 충돌 등을 보여 주는 겹치는 이미지로 커다란 콜라주를 만들고, 그런 후 이러한 콜라주에 좋은 제목을 정하기도 했다. 한 예는 세 장의 큰 화지를 테이프로 붙일 때까지 덧붙였던 콜라주이다. 그의 콜라주는 상어에 공격당하려는 사람들, 해일을 극복하려는 농구선수, 마치 물거품 속을 헤엄치는 것처럼 치켜든 군인의 손, 그의 옆에 놓인 서퍼 그리고 공격 중인 상어를 겨냥하는 소총 옆에 통제 불능의 헤비메탈 연주자의 만화를 담았다. 탐정복장을 한 스누피(Snoopy) 만화가 서퍼 옆에 놓여 있었는데, 아마도 나를 표상한 것인지도 모른다. 콜라주 제목은 '해변'으로 단순했다.

Jim의 점토 작품 중의 하나에서, 공룡들이 곧 폭발할 화산 옆에서 싸운다. 다른 섬의 두 마리 '부모' 고릴라는 싸움을 멈추거나 또는 위험한 화산을 경고하기 위해 어린 공룡들의 관심을 끌지 못하고 있다. 또 다른 점토 작업에서, Jim은 카우보이와 인디언뿐만 아니라, 그들의 동물적인 용맹스러운 싸움을 나타냈다(어머니가 인디언의 일원이라고 공언했던 기억이 났다). 그는 싸움이 끝날 때는 단 두 명의 카우보이만 남았고, Jim은 자신과 아버지를 표상하기 위해 점토로 디테일을 추가했다고 설명하였다. Jim은 집에서 불안한 상황을 자세하게 묘사하고 있었다.

나는 Jim과 Robin 싸움의 그림을 더 명확하게 하고 상황이 회복되었는지를 평가하기 위하여 가족 전체 면담을 요청하였다. 또한 토론에서 Robin이 자신을 표상하는 것이 필요했다고 강조하였다.

가족 구성원이 도착했을 때, 나는 회기의 목적을 상기시켰다. 순환 질문은 각 구성원이 싸움이 어떻게 시작되고, 확대되고, 해결되었는지에 대해 콜라주를 만들도록 함으로써 작품을 통해 이루어졌다. 어머니 콜라주([그림 4-9])는 다른 사람에게도 있는 주제를 보여 준다.

McKee 부인 콜라주([그림 4-9]) 왼쪽에서, 두 소년이 모두 웃으면서, 한 소년이 다른 소년의 머리를 자르고 짓궂게 괴롭히는 것을 보여 준다. 그 아래에는 두 명의 야구선수가 승리한 후 열렬히 포옹하는 그림이 있다. 그 선수는 두 살 차이에도 불구하고 Jim과 Robin처럼, 키가 비슷하다. 이 두 가지 그림은 아들의 갈등 시기와 비교해, 더 가까운 시기를 나타낸다고 설명했다.

맨 위에, Mckee 부인은 이중 메시지로 보이는 두 장의 사진에 '전쟁'이라는 제목을 붙인다. 가운데에, 뒤에서 보이는 스포츠맨은 소총을 잡고 있다. 그는 McKee 씨가 자주 쓰는 모자처럼 모자를 푹 눌러쓰고 있다. 그의 뒷모습이 보인다('청중'을 알지 못하는). 오른쪽에, 병상에 누워 있는 병사가 '워키-토키(무기가 아닌 통신도구)'를 들고 미소를 짓는다. 이것들은 McKee 부인이 남편과 의사소통하려는 그녀의 헛된 시도에 지쳐 있기 때문에, 소년 사이보다 부모 사이의 관계를 더 정확하게 반영한 것 같다.

[그림 4-9] Jim과 Robin의 '전쟁'

아래쪽에는, 다양한 전화기들을 무릎에 놓은 실험복을 입은 남자 그림 세 개를 겹쳐 놓았다. 그 형상들은 "악을 보지 마라. 악을 말하지 마라. 악을 듣지 마라."라는 포즈를 취하고 있다. 그 전화는(소통의 도구로서) 듣거나, 보거나, 말하는 것을 거부하는 태도와는 정반대이다. McKee 부인은 소년들이 싸울 때 관여를 피하기 위해 자신의 방에 들어가서 문을 닫았다고 말했다. 자신이 너무 피곤해서 개입할 수 없다고 단언했고, 종종 McKee 씨가 그 역할에서 자신을 구해 줄 것을 기대하였다. 그녀의 콜라주는 소년들의 싸움의 의미와 심각성을 부인하는 것이 분명히 드러난다.

회기 중에 대개 다작의 예술가였던 Robin은 Jim과의 싸움을 묘사한 콜라주 외에도 두 개의 그림을 그렸다. 첫 번째 연필로 그리기에서, 쓰레기를 버리라거나 또는 놀리지 말라는 명령을 저항하는 Jim을 그렸다. 이 화지의 세 장면 중 두 장면에서, Robin은 마치 미리 정해진 역할에서 생각 없이 기능하는 몸처럼 머리는 없지만 근육이 뻣뻣한 자신을 그렸다. 장면 중 하나에서, Jim은 머리가 없는 반면, 다른 한편으로는 Robin(X의 눈에 대해)에 의해 의식을 잃었다. 세 번째 장면에서(동일한 그림), Jim을 표상하는 칼이 자신을 향하자 Robin의 몸이 없는 머리는 비명을 지른다.

Robin의 콜라주는 싸움 순서의 세 단계를 보여 준다. 놀리거나 흉내 내는 것, 싸움 그리고 Jim의 도움을 청하거나 또는 무기를 갖는 것에 의한 해결 등이다. 첫 번째 그림에서, 한 형상(Jim)이 다른 인물(Robin을 놀리기 위해)의 뒤를 따른다. 그 아래 그림은 한 병사가 모래주머니 뒤에서 바주카(bazooka)를 쏘는 것을 보여 준다(싸움을 표상하는). 세 번째는 보이지 않는 형상의 비참함을 모르는 배경, 뒷모습을 한 형상들이 우산을 들고 서 있는 전경의, 울먹이는 형상에 대한 그림이다. Robin은 자신이 그를 이겼을 때 Jim이 어떻게 우는지를 보여 주는 그림이라고 말했다. 그 콜라주에는 부모의 무관심과 분리를 통해 스스로를 보호하면서, 아이들의 고통을 인정하는 저항이 울려 퍼진다. Robin의 세 번째 그림은 아버지의 콜라주 이후에 만들어졌다. 큰 형상(Jim)이 작은 형상(Robin)을 밟으려는 것을 보여 주며, Jim은 Robin을 '두들겨 패기' 위해(또는 다치지 않도록 하기 위해) 둘 중 하나가 더 강한 사람이 되기를 원한다고 설명했다.

Madonna는 그 싸움을 보기 위해 참석하지 않았다고 설명하면서 콜라주 만들기를 거부했다. 비록 나는 그녀가 그 싸움이 어떻게 일어났는지에 대한 생각을 할 수 있을 것이라고 제안했지만, 여전히 정말 싸우는 게 아니라 '그냥 빈둥거리며 놀고 있을 뿐'이라며 단호하게 말하며 저항했다.

'큰 싸움'으로 제목 붙인 Jim의 콜라주는 부모 모두의 콜라주처럼, 싸움과 우정의 결합을 보여 준다. 그 사진 중의 하나는, 서로 웃고 있는 성인 쌍둥이에 대한 것이다. 두 사람을 에워싸는 밧줄은 아이들이 서로 얼굴을 찡그리며 웃음을 참는 가운데 그들의 사진과 머리 위로 연결되어 있다. 진정한 감정에 대한 부인은 다시 드러난다. 이 밑에는 얼굴을 찡그리는 악마 아이와 싸우는 두 로봇의 그림이 그려져 있다. 왼쪽의 대부분의 화지를 연달아 이야기하는 것은, 온화하게 웃는 젊은 군인과 흰머리독수리 휘장이다. 수동적으로 웃는 이 병사는 질문 없이 기능을 수행하면서, Robin의 그림에서 머리 없이 전투하는 형상은 내게 여전히 남아 있다.

　McKee 씨 콜라주의 맨 윗 부분에, Robin의 태도를 정의하면서, 역기를 사용하는 한 남자에게 'Robin, mucho macho'라는 제목을 붙인다. 이 밑에는, 거실 대부분을 차지하고 있는 더러운 운동화의 거대한 그림을 배치하고, "때로는 Robin이 Jim의 전반을 놀리며, 큰 형님 자세로 걷는다."라고 썼다. 왼쪽 하단에 그리고 세 개의 모자 그림 아래에 McKee 씨는 Jim은 '너무 많은 모자를 쓰면서' 남을 흉내 내려고 애쓰지 말고 그저 자기 자신일 필요가 있다고 말했다. 단 한 그림만이 싸움의 주제를 직접적으로 다루고 있다. 그것은 뒤에서 폭력 조직원들이 공격적인 자세와 칼로 휘두르는 것을 보여 준다. 이 옆에 그는 Jim이 너무 많은 놀림을 감당할 수 없기 때문에, Jim이 '불쾌하거나 비관'을 느끼지 않도록 Robin은 멈춰야 할 때를 알아야 한다는 것을 기록하였다. 이것은 Jim이 자신을 통제할 수 없고 그의 행동을 책임질 수 없음을 암시한다. 이 차분한 말은 이미지 속에 잠재적인 폭력으로 대비된다.

　부모 하위체계를 강화하고 자녀-부모 동맹을 해체하는 효과에서, 나는 가족 회기 전에 30분 동안 부부만 따로 만날 것을 McKee 씨 부부에게 요청했다. 반복된 요청에도 불구하고 부모 모두 치료에 동시에 참석하는 것은 드물었고, 자녀 없이 참석한 경우는 한 번도 없었다. McKee 부인은 이 시간을 개인치료의 기회로 즐기는 것 같았다.

이 점에서 나는 그 가족을 위한 수정된 가설을 공식화했다. 그 가족에게 그림 형식으로 다음과 같이 묘사된 이 가설의 해석을 제안했다.

그들 체계를 정의하면, 가족 항상성은 균형 범위를 나타낸다. 범위의 한 면에서, McKee 부인은 정서성의 표현을 나타낸다. 그녀의 과업은 주기적인 폭발로 가족의 좌절, 분노 그리고 슬픔을 표현하는 것이다. 어머니를 모델링한 Madonna 역시 균형 범위에 대한 한 면이다. 범위의 다른 면은 침착하고 분리된 책임의 의무를 위임받은 McKee 씨이다. 그는 감정 표현을 허용하지 않는다(그것은 McKee 부인이 할 일이다). '미스터 쿨'로 아버지를 모델링한 Robin은 그 범위의 균형을 맞추면서 합류한다.

상징은 은유적으로 관련된 두 가지 요소를 표상하기 위해 고안되었다. 넘치는 감정의 물과 냉정한 분리를 위한 바위이다. 이러한 균형, 물과 바위의 상징을 사용하여, 나는 가족을 위한 균형 범위를 그렸다.

가족이 다른 구성원에게 어떻게 행동하는지에 대해서는 '규칙'에 달려 있으며, Jim을 고려하기 전까지는 균형 잡힌 상태를 잘 유지하는 것이라고 설명했다. Jim의 역할(희생양)은 다음과 같은 방식으로 가족에게 해석되었다. 균형을 유지하기 위해서, Jim은 세 가지 선택권을 가지고 있다. (1) 그는 어느 누구도 그들이 균형을 잃었다는 것을 알아차리지 못할 정도로 빠르게, 정서성과 분리 간의 교차 동맹으로 전환할 수 있다. (2) 그림에서 완전히 벗어나야 한다(가족들로부터 분리된). 또는 (3) '확실한 태도를 취하지 않는' 과업을 다루면서, 그 중심을 유지해야 한다(행동을 통해 자신에게 주의를 기울이는). 어느 쪽을 선택하든, Jim은 어려운 입장에 처하게 되었다. 그의 행동은 가족이 '균형' 상태를 유지하는지를 결정할 수 있다. 더불어 나는 이러한 과업이 어린 소년에게 너무 어려웠기 때문에 그들은 대안을 고려할지도 모른다고 설명하였다.

만약 하나의 큰 물(McKee 부인)과 하나의 큰 바위(McKee 씨)가 범위의 한 면을 공유한다면, 그것은 아마도 하나의 작은 바위(Robin), 하나의 작은 물(Madonna) 그리고 그 둘의 작은 결합(Jim)의 균형을 이룰 수 있을 것이다. 그들이 원한다면, 구성원은 균형을 깨트리지 않고 다른 사람으로부터 어떠한 정서성과 책임감을 빌릴 수 있다(역할 내에서 더 많은 자유 부여하기). 이 개입은 강력한 부모 하위체계의 특징을 그래픽으로 묘사했다.

아이디어가 제시되었을 때, McKee 부인의 반응은 멍한 표정이었고 얼핏 이해하는 것처럼 보였다. 또한 자신에 대한 더 많은 책임감을 생각하면서, 일자리를 찾고 있었으며 곧 일을 하게 될 것이라고 언급했다.

소년들은 '균형'을 바꿀 생각에 강한 호기심을 나타낸 것 같았지만, McKee 씨 반응은 그 변화가 효과가 없을 것이라는 것이었다. 그는 McKee 부인이 책임감 있는 역할을 할 수 있다는 확실성이 없고 오랫동안 일자리를 유지할 수 없을 것이라고 불평하였다. 그는 다시 변화에 분명히 저항하면서, 가족 구조의 변화가 비현실적이고 실행 불가능하다는 생각을 덧붙였다.

나는 곧 진료소에서 떠나게 되었기 때문에, 이 가족과의 회기를 종결하기 위한 계획이 세워졌다. 비록 지속적인 가족 회기가 선택의 치료가 되긴 했지만, Jim은 가족 회기에 오고 싶지 않았다고 말했다. 그러나 그는 청소년 초기 집단 치료를 계속하기를 원했다. 가족의 비일관적인 참석과 구조적인 변화에 대한 저항으로, Jim의 집단 치료의 지속성은 '탈퇴'를 수용 대안으로 고려하였다. 그 집단에 참여하는 것은 그에게 적절한 개별화를 장려하고 또래 지지를 제공할 것이다. 그것은 우울증 치료를 위해 개인 상담을 받을 수 있도록 허락한 McKee 부인에게 권장되었다. 나는 가족들이 Alanon과 Alateen에 계속 참석하도록 격려하였다.

McKee 부인과 Jim만이 마지막 회기에 참석했다. 그리고 그들에게 작별 인사에 대하여 콜라주를 만들도록 하였다. McKee 부인의 그림들은 빈약한 경계감이 반영되어, 서로 겹치면서 화지를 초과한다. 그녀는 다섯 장의 그림 중 세 장의 악보로 제목을 틀로 만들었다. 가장 큰 이미지는 성 위의 무지개였는데, 그 옆에는 "무지개 끝에 금 항아리가 있다."라고 썼다. 치료 종료와 그 이미지가 어떻게 관련되는지를 물었을 때, McKee 부인은 'goodbye' 노래에 대한 콜라주를 만들었다고 설명하였다.

오른쪽 상단에, 그녀의 해안선 일몰에 "저녁노을, 한 시대의 끝"으로 제목을 붙이고, 또한 악보로 주위를 에워 채웠다. 그 위에, 공동 의존자 역할과 알코올 중독자 중심을 의미하며, "아빠, 해가 떠서 너에게 진다."라고 적었다. 석양을 겹쳐서 아래에는 10마리의 오리가 헤엄쳐 가는 사진 그리고 '집으로 간다…… 우리는 집에 간다. 나는 슬프다. 다행이다. 나는 집으로 간다.'라는 음악적 틀을 만들었다. 나는 작별인사가 종종 혼돈되거나 또는 혼란스런 감정을 동반한다는 것을 인정했다. 그 오리 중 한 마리는, 내가 그 가족과 떨어져 나의 길을 가려는 것만큼, 다른 오리들과는 다른 방향으로 헤엄치고 있다.

오른쪽 바닥에, 하나는 미국 국기에 커프스 단추를 달고 다른 하나는 캐나다 국기를 달고 두 사람이 악수를 하고 있는 그림이 있다. 그것은 아마도 치료사와 가족들 간의 노력과 의미를 공유하는 것에서의 결여를 보여 주는 것일 수 있다.

가운데 위에, 무지개와 석양을 겹치면서 McKee 부인은 슈퍼맨 포즈와 만(bay) 위를 날고 있는 노란 스웨터와 청바지를 입은 어린 소녀 그림을 놓았다. 사진 아래에 "앞으로 위로 Jim, 앞으로"라고 썼다. Jim의 영웅적인 이미지는 이러한 동일한 증상(그를 이중 구속에 처하게 한 것)의 치료를 받으면서도, 증상을 통해 가족 항상성을 유지하는 그의 어려운 역할이 내게 남아 있었다.

Jim은 처음에 'Goodbye'에서 'Good buy'로 대안적 의미를 취함으로서 그의 '묘책' 중 하나를 수행했다. 다섯 명의 영업 사원이 웃으면서 신나게 제품을 전시하는 작은 그림에서, Jim은 그들의 머리 위의 거품 안에 'buy'라고 적었다. 그 작은 이미지는 검정색 화지에 중심이 된다. 이것은 가족의 (다섯) 구성원이 오해의 소지가 있는 그들 자신의 이미지를 '팔려고' 했을 수도 있다는 것에서, McKee 부인의 첫 번째 가족 그림에 대한 울림이다. 내가 Jim의 말장난을 상기시켰을 때, Jim은 웃었고 이후 두 번째 콜라주를 만들도록 했다.

[그림 4-10]에서, 우리는 Jim이 파란 화지에 만화를 집중했다는 것을 안다. 그들의 머리 위에 (고객에 의해 채워질) 단어를 쓰지 않은 '거품'에 두 명의 공중그네 공연자를 보여 준다. 한 공연자는 다른 공연자가 떨어지지 않도록 손을 내밀자, 첫 번째 공연자가 떨어지며 당황한 기색이다. Jim은 거품 안에, 첫 번째 사람이 "아~~~~~~~~~~~~! 안녕, 내 좋은 친구. 아~~~~~~~~~~~ 도와줘."라고 썼다. 두 번째 공연자는 "그냥 붙잡아, 내가 널 구할 거야."라고 말하지만, 그 말은 큰 물음표가 뒤따른다. 공연자는 손을 뻗으려다 그네를 벗어났다. Jim의 작품은 가족에게 중요한 변화를 일으키는 치료 능력의 의구심뿐만 아니라, 그의 희생적인(희생양) 입장을 반영한다. 나는 몇 달 전에 그렸던 Jim의 '날 봐'라는 그림이 생각

[그림 4-10] Jim의 소망과 치료에 대한 의심

났다.

이 가족의 조기 종결에 대한 필요성은 나에게 특히 어렵고 좌절감을 주었다. 가족의 '지속적으로 일관성 없는' 참석과 변화를 위한 동기 결여는 엄청난 저항으로 나타났다.

저항에도 불구하고, 진행 보고서에는 Jim의 반항행동이 치료 기간 동안 현저하게 개선된 것으로 나타났다. 미술치료 회기 동안, 그의 자존감은 작품의 성취로 고양된 반면, 분노와 혼란은 정상화 및 부분적으로 소멸되었다.

Jim의 개별 과정에 덧붙여, 부모 하위체계는 더 엄격한 경계로 강화되었고, McKee 부인은 기꺼이 양육 기술 개선에 힘썼다. 그녀는 남편의 중독과 공동 의존자인 자신의 행동이 아이들의 행동에 어떻게 영향을 미쳤는지를 이해할 수 있게 되었다. 이 새로운 지식은 McKee 씨가 그의 중독에서 회복하는 것을 선택하든 아니든 간에 변화를 위한 선택을 할 수 있도록 그녀를 자유롭게 했다.

결론

이와 같은 가족 미술치료의 중요한 가치는 미술 작품 형태로 제시된 구체적인 증거가 저항을 다루는 강력한 도구라는 것이다. 주기적으로 미술 작품을 검토하는 것은, 회기와 치료에 간헐적으로 불참하는 구성원을 연결하는 데 응집력을 더하여 제공한다. 가족 구성원 간 의사소통 유형은 정의할 수 있고 명확히 할 수 있다. 게다가, 미술에 제시된 증거는 새로운 기준점으로 가족의 관계와 역동을 보게 할 수 있다. 이 새로운 기준점으로, 더 건강한 기능을 위한 단계가 이루어지길 바란다.

📖 참고문헌

Ackeman, R. J. (1983). *Children of Alcoholics. A Guidebook for Parents, Educators and Therapists* (2nd ed.). New York: Simon & Schuster.

Ackeman, R. J. (Ed.) (1986). *Growing in the Shadow: Children of Alcoholics.* Palm Beach, FL: Health Communication.

Albert-Puelo, N., & Osha, V. (1976-77). Art therapy as an alcohol treatment tool. *Alcohol Health and Research World, 1*(2), 28-31.

Anderson, C. M., & Stewart, S. (1983). *Mastering Resistance: A Practical Guide to Family Therapy.* New York: Guilford Press.

Barry, K. L., & Fleming, M. F. (1990). Family cohesion, expressiveness, and conflict in alcoholic families. *British Journal of Addiction, 85*(1), 81-87.

Beardslee, W. R., Son, L., & Vaillant, G, E. (1986). Exposure to parental alcoholism during childhood and outcome in adulthood: A prospective longitudinal study. *British Journal of Psychiatry, 149*, 584-591.

Bekhtel, E. E. (1986, summer). Psychological defense mechanisms in the clinical picture of alcoholism. *Soviet Neurology and Psychiatry, 64-72.*

Benson, C. S., & Heller, K. (1987). Factors in the current adjustment of young adult daughters of alcoholic and problem drinking fathers. *Journal of Abnormal Psychology, 96*(4), 305-312.

Black, C. (1981). *It Will Never Happen to Me. (Children of Alcoholics as Youngsters, Adolescents, Adults).* Denver: M.A.C. Publications.

Black, C. (1989). *It's Never Too Late to Have a Happy Childhood.* New York: Ballantine Books.

Boss, P. (1977, Feb.). A clarification of psychological father presence in families experiencing ambiguity of boundary. *Journal of Marriage and the Family, 141-150.*

Boss, P., & Greenberg, J. (1984). Family boundary ambiguity: A new variable in family stress theory, *Family Process, 23*, 535-546.

Callan, V. J., & Jackson, D. (1986). Children of alcoholic fathers and recovered alcoholic fathers: Personal and family functioning. *Journal of Studies of Alcohol. 47*(2), 180-182.

Deutsche, C. (1982). *Broken Bottles, Broken Dreams: Understanding and Helping the Children of Alcoholics.* New York: Teachers College Press.

Devine, D. K. (1970). A preliminary investigation of paining by alcoholic men. *American Journal of Art Therapy, 9*(3), 115-129.

El-Guebaly, N., & Offord, D. R. (1977). The offspring of alcoholics: A critical review. *American Journal of Psychiatry, 134*(4), 357-365.

Ford, F. R. (1983). Rules: The invisible family. *Family Process, 22*(2), 135-145.

Forrest, G. (1975). The problems of dependency and the value of art therapy as a means of treating alcoholism. *Art Psychotherapy, 2,* 25-43.

Gromberg, E. (1989). On teams used and abused: The concept of codependency. *Drugs and Society, 3*(3-4), 113-132.

Hanson, G., & Liber, G. (1989). A moral for treatment of the adolescent child of an alcoholic. *Alcoholism Treatment Quarterly, 6*(2), 53-69.

Heilbrun, A. B., Jr. (1964). Parental model attributes, nurturant reinforcement, and consistency of behavior in adolescents. *Child Development, 35*, 151-167.

Hibbard S. (1989). Personality and object relational pathology in young adult children of alcoholics. *Psychotherapy, 26*(4), 504-509.

Hilton, M. E. (1987). Drinking patterns and drinking problems in 1984: Results from a general population survey. *Alcoholism: Clinical and Experimental Research, 11*(2), 167-175.

Jacob, T., Favorini, A., Meisel, S., & Anderson, C. (1978). The alcoholic's spouse, children and family interactions. *Journal of Studies on*

Alcohol, 39(7), 1231-1251.

Knoblauch, D., & Bowers, N. D. (1989). A therapeutic conceptualization of adult children of alcoholics. *Journal of College Student Psychotherapy, 4*(1), 37-52.

Landgarten, H. (1981). *Clinical Art Therapy. A Comprehensive Guide.* New York: Brunner/Mazel.

Landgarten, H. (1987). *Family Art Psychotherapy.* New York: Brunner/Mazel.

Leikin, C. (1986, Feb.). Identifying and treating the alcoholic client. *Social Casework,* 67-73.

Mann, M. (1981). *Marty Mann's New Primer on Alcoholism.* New York: Holt, Rinehart & Winston.

Miller, B., Downs, W. R., & Gondoli, D. M. (1989). Delinquency, childhood violence and the development of alcoholism in women. *Crime and Delinquency, 35*(1), 94-108.

McCabe, T. (1978). *Victims No More.* Center City, MN: Hazelden Educational Materials.

Molgaard, C. A., Chambers, C. M., Golbeck, A. C., Elder, J. P., et al. (1989). Maternal alcoholism and anorexia nervosa: A possible association? *International Journal of the Addictions, 24*(2), 176-173.

Moore, R. W. (1983). Art therapy with substance abusers: A review of the literature. *Arts in Psychotherapy, 10,* 260.

Nardi, P. M. (1980). Children of alcoholics: A role-theoretical perspective. *Journal of Social Psychology, 115,* 237-245.

Potter, P. S. (1989). Abuse in adult children of substance dependents: Effects and treatment. *Journal of Chemical Dependency Treatment, 3*(1), 99-129.

Phillips, A. M., Martin, D., & Martin, M. (1987). Counseling families with an alcoholic parent. *Family Therapy, 14*(1), 9-16.

Schafer, E. S. (1965). Children's reports of parental behavior: An inventory. *Child Development, 36*, 413-424.

Schlitt, R. (1986, Dec.). Childhood social support deficits of alcoholic women. *Social Casework,* 579-586.

Schuckit, M. A. (1985). Relationship between the course of primary alcoholism in men and family history. *Journal of Studies on Alcohol, 45*(4), 334-338.

Seixus, J. S., & Youcha, G. (1985). *Children of Alcoholism: A Survivor's Manual.* New York: Crown Publishers.

Stark, E. (1987). Forgotten victims: Children alcoholics. *Psychology Today, 21*(1), 58-62.

The Twelve Steps for Adult Children. (1987). San Diego, CA: Recovery Publications.

Warner, R. H., & Rosett, H. L. (1975). The effects of drinking on offspring. *Journal of Studies on Alcohol, 36*(11), 1395-1420.

Webster, D., Harburg, E., Gleibeman, L., Schork, A., et al. (1989). Familial transmission of alcohol use. I . Parent and adult offspring alcohol use over 17 years–Tecumseh, Michigan. *Journal of Studies on Alcohol, 50*(1), 557-566.

Wegsheider, S. (1976). *No One Escapes from a Chemically Dependent Family.* Crystal, MN: Nurturing Networks.

Wegsheider, S. (1979). Children of alcoholics caught in family trap. *Focus on Alcohol and Drug Issues, 2*, 8.

West, M. O., & Prinz, R. J. (1987). Parental alcoholism and childhood psychopathology. *Psychological Bulletin, 102*(2), 204-218.

Wilmuth, M., & Boedy, D. L. (1979). The verbal diagnostic and therapy combined: An extended evaluation procedure with family groups. *Art Psychotherapy, 6*, 11-18.

Wilson, C., & Orford, J. (1978). Children of Alcoholics (Report of a preliminary study and comments on the literature). *Journal of Studies on Alcohol, 39*(1), 121-142.

Woititz, J. (1986). Common characteristics of adult children from alcoholic families. In R. J. Ackerman (Ed.), *Growing in the Shadow*. Palm Beach, EL: Health Communications.

Wolin, S. J., & Bennett, L. A. (1984). Family rituals. *Family Process, 23*, 401–420.

참고문헌

제5장

가족 미술치료와
성 학대

Denise Cross

이 장에 서술된 성적으로 학대당한 아동을 위한 12주 도입 집단 프로그램은 가족치료로 제공된 소규모 지역사회 정신 건강 시설을 위해 고안되었으나, 그것에 집단 경험[1]을 보완하고자 하였다. 성추행 피해자를 위한 집단 치료는 치료 과정에 중요한 자료로 거듭 문서화되었으며, 여기 개정된 설계는 여성과 법에 위반되지 않은 어머니를 포함한 복합가족 집단 형태였다. 공동지도자는 성추행(James & Nasjleti, 1983; Russell, 1986)에 대한 세대 간 속성을 인식하면서, 그 순환을 끊고자 희망하며 어머니를 포함시키는 것이 중요하다고 생각하였다.

미술치료 양식은 다양한 이유로 사용되었다. 어린이의 환상과 놀이에 대한 사랑은 최고의 능력과 편안함을 이끌어 내는 방식으

---
1) 이 프로젝트를 만들고 촉진하는 데 도움을 준 Ginger Kershner(ATR, MFCC)에게 감사한다.

로 그들의 갈등을 설명하기 위해 이상적인 매개체로 미술을 만든다. 또한 은유로 표현함으로써 압도적이거나 무섭거나 혼란스러울 수 있는 감정의 구조와 거리를 제공한다. 그것은 치료 과정이 일어날지도 모른다는 은유적 메시지의 이해와 인식을 통해서이다.

근친상간이 언어 전 단계에서 시작되면, 미술은 언어 기술 없이 의사소통의 방법을 제공한다. 어린이를 위한 자연스러운 매개체인 미술은 또한 대개 언어적 표현과 마찬가지로, 수년간 경직된 방어물을 조건으로 하는 것은 아니다(Goodwin, 1982). 따라서 이것은 연령에 상관없이 모든 집단 참여자들에게 동일한 이점—그리고 불이익—을 제공한다. 유형(有形)의 창조에 대한 직감도 있다. 자연적으로 지원될 때, 창의성도 자존감, 자기가치 그리고 가장 중요한 자기신뢰를 강화한다(Naitove, 1982; Carozza & Heirsteiner, 1983; Stember, 1980).

치료의 우려를 완전히 이해하기 전에, 가족의 역동과 성 학대를 특징으로 지원되는 사회적 맥락을 이해하는 것이 중요하다. 많은 저자들(Burgess, Groth, Holmstrom, & Sgroi, 1978; Rush, 1980; Sgroi, 1982; James & Nasjleti, 1983; Russell, 1986)은 근친상간과 성추행은 엄격하게 성적 이상이라기보다는 권력과 지배의 문제와 관련이 있는 것으로 보인다는 데 동의한다. 특히 Russell은 근친상간이 여성과 어린이를 지위가 낮은 소유물로 보는 남성 지배 사회에 대한 편견의 결과라고 느낀다.

근친상간과 희생을 영속시키는 가족 체계에 적용되는 몇 가지 기록이 있다. 흔히 아버지는 성인 여성과의 성관계로 인하여 위협을 받고 아이에 대한 자신의 지위를 이용해 위력을 느끼게 한다. 다른 사례에서, 남성은 자신이 '약한 사람'이라고 여기는 모든 가족 구성원을 여성 혐오적이거나 폭압적으로, 학대하고 지배한다. 몇

몇 저자는 남성이 어렸을 때, 종종 그들 자신이 추행을 당해서 성 정체성과 경계(Groth, 1982; Bolton, 1989)에 심각한 혼란을 초래했 다고 보고했다. 종종 어머니는 배우자와의 관계를 유지하기 위해 아이를 보호할 수 없거나 보호하는 것을 꺼린다.

이러한 가족 체계에서 흔히 볼 수 있는 것은 부적절한 감정 표 현, 자기신뢰의 약화 그리고 적절한 책임 수용의 부족이다. 문화 적 관습이 이러한 동일한 역동관계(즉, 피해자를 보호하지 않고 종종 재추정하는 법률, 법 조직에서 범죄자에 대한 책임 결여, 피해자의 잘못 이라는 기관들 및 문헌에 의한 만연된 메시지)를 지지한다는 것은 문 화적 · 역사적 편견의 심각성을 강화시킨다(Russell, 1986). 가족 내 에서의 이러한 왜곡은 단지 더 큰 사회의 일반적인 왜곡의 반영일 뿐이다.

Janoff-Bulman과 Frieze(1983)의 연구는 학대의 심리적 손상은 아이들이 자신과 그들의 세상―개인의 불변성에 대한 믿음, 의미 있고 이해할 수 있는 세계에 대한 인식 그리고 자신에 대한 긍정적 인 관점을 포함한―에 대해 가지고 있는 일부 기본 가설에 대한 엄 청난 충격에서 비롯된다고 제안한다. 나는 종종 생존자가 자기의 심이 학대를 가장 약화시키는 결과라고 말하는 것을 들었다. 학대 발생을 부인하는 가족은 그 영향이 심각하다. 피해자는 다른 사람 이 자신을 믿지 않을 것이고, 결국에는 성추행이 일어났는지를 의 심하기 시작할 것을 두려워한다.

이것은 결국 아이가 믿지 못하는 외부 감각 입력(고통, 억압, 접 촉)과 내부 감각 입력(공포, 분노, 사랑, 생존)이 연결되면서 서서히 진행되는 과정이다. 이렇게 정확한 검증 없이, 아이는 직관적인 수준에서 알고 있는 것과 '권위'가 지시하는 것 사이의 이러한 갈 등으로부터 어느 정도 이치를 찾으려고 노력한다. 왜냐하면 대부

분의 사례에서 성인은 지식과 힘 때문에 권위로 간주되므로, 학대
받은 아이는 해결하려는 시도에서 대개 자신의 정보를 무시한다
(Bass & Davis, 1988).

그러나 이 형태의 갈등 해결 방법을 유지하려면, 아이는 자신의
내부 및 외부 정보를 계속 무시해야 한다. 이것은 매우 자주 입력
을 바꾸는 방어 기제의 정신적 구조를 통해 이루어진다. 본질적으
로, 정확히 정보를 평가하기 위한 메커니즘은 손상된 것이다. 거기
에는 무엇이 진실인지에 대한 깊은 혼란의 가면인 자극 반응의 경
직성이 있다. 이는 특히 경직된 사고방식과 상충되는 모든 것의 정
보를 처리하기 위한 기반이 풍부한 환경은 분명히 아니다. 그런 아
이가 어떻게 성인기로 성장하여 자신이나 세상에서 보는 것을 정
말로 믿을 수 있을까? 어떻게 그들은 자신과 사회가 자신들의 내적
진실을 부정할 때 인간 반응의 전체 범위를 주장할 수 있을까?

나는 생존자의 그러한 내면과 외적 감각을 정확하게 반영하여,
내담자 경험의 진실을 인정하고, 자신의 평가에 대한 신뢰를 높이
는 것이 치료사의 과제라고 느낀다. 이것은 Erikson(1950)에 의해
확인된 인간 발달의 첫 번째 과업이지만, 근친상간 관계에서는 달
성되지 않는 과업이다.

친구, 대가족 구성원 그리고 낯선 사람의 신뢰에 의한 성추행
은 아이가 정확한 표현을 억압하는 태도를 취함으로써 재희생되
는 경우에도 이와 같은 영향을 미칠 수 있다(Russell, 1986; Driver &
Droisen, 1989). 표현에 대한 지지와 격려가 없으면, 그 감정은 내
적 갈등을 억누르는 방어의 대상이 된다. 이것은 불완전한 해결
책이다. 갈등은 단지 해결되기보다는 깊이 감추게 되고, 중독이
나 행동문제와 같은 부적응 행동으로 표면화되기 쉽다(Finklehor,
1979; James & Nasjleti, 1983; Russell, 1986). 이상적으로는 내부 갈

등이 마침내 표면화되고 진실하게 탐구될 때 부적응 행동은 사라진다.

집단 모델 개요

12주 모델로 논의하기 위해 제시된 주제는 성추행 사례에서 흔히 발견되는 가장 핵심적인 문제를 설명한다(Sgroi, 1983; Russell, 1986; Bass & Davis, 1988). 우리의 노력은 각 내담자의 갈등 표현, 정체감, 자기신뢰 및 자존감 높이기를 장려하고, 자기주장을 통해 힘을 고취시키는 집단 경험으로 향하게 되었다[Russell(1986)은 피해자들 측의 주장 행동은 일부 잠재적인 학대자들을 좌절시킬 수 있다고 제안한다]. 앞서 언급한 바와 같이, 이 집단은 가족치료의 부가물로 여겨졌다. 참가자(다음 설명)는 12주 동안 자주 바뀌었는데, 이 클리닉—자원이 적고 다양한 스트레스 요인이 있는 사회경제적 지위가 낮은 지역사회—에서 봉사하는 주민 중에서는 특이한 것은 아니었다. 매주 참석이 장려되었지만, 이미 재정적·사회적·심리적 압박에 압도되어 보이는 부모에게는 개방적인 정책이 최선이라고 여겨졌다. 매주의 회기 목표와 자료 발표는 미술 작품의 일부 해석과 참가자의 일반적인 반응에 대한 간략한 토론으로 이어졌다.

대부분 회기 형식은 아주 통상적이었다. 그 주의 주제와 관련된 이야기, 만담 또는 기타 발표로 회기를 시작하였고, 이어 해당 자료에 대한 지지체의 이해를 보장하기 위해 짧은 토론 기간으로 이어졌다. 미술 지침은 정보에 대한 감정 반응을 자극하기 위해 주어졌다. 내담자들은 그들의 미술 작품을 토론하고 다른 구성원의 이야기를 들을 수 있는 기회를 제공받았다.

처음에, 어머니는 적절한 행동을 유지할 수 있도록 자녀를 돕고, 미술 프로젝트에 필요한 만큼 그들을 돕도록 격려받았다. 그들의 목표는 모델링과 안내를 통해 양육 기술을 높이고, 부모에게 성추행 문제를 교육하고, 자녀와 부모의 상호작용을 늘리는 것이었다. 우리는 미술 프로젝트 차후 회기에 참가하게 될 부모를 천천히 통합할 계획이었다.

집단 구성원 설명

Renée는 5세이며 어머니와 함께 참석했다. 제시된 행동은 부모에게 복종 거부, 다른 아이들과의 싸움, 기물 파손 그리고 퇴행적인 행동이었다. 성 학대 이력은 질 삽입에 금속 자동차를 사용했던 7세 이웃에 의한 성추행으로 보고되었다.

5세 Mary는 외할머니와 함께 참석했다. 제시된 행동은 언니에 대한 공격성, 지나친 자위행위, 반항행동 그리고 일반적인 분리불안이다. 학대는 어머니의 남자친구로 인한 성적 탐색으로 보고되었다. Mary는 어머니의 자살시도 실패 후 어머니의 보살핌으로부터 격리되었다. 어머니는 아이들이 집안에 있는 동안 온 집안을 가스로 가득 채우려고 시도했었다.

Daphne는 8세로 숙모와 함께 참석했다. 그녀는 거짓말과 절도, 또래와의 싸움, 지나친 자위행위 그리고 자살 생각 때문에 클리닉에 왔다. 성 학대 이력은 상호 간의 자위행위도 포함된, 큰 삼촌에 의한 반복적 추행이다. 부모는 마약 중독자이고 아버지는 성추행이 폭로된 후 자신의 형과 형수에게서 그녀를 데려왔다. Daphne

의 삼촌과 숙모는 Daphne를 입양하고 싶어 한다.

Debbie는 3세로 어머니와 함께 회기에 참석했다. 행동은 적대적이었고 성적 인형놀이, 친구 때리기, 수면장애 그리고 지나친 자위행위 등으로 특징지어져 보고되었다. 학대 이력은 지난 1년 동안 아버지에 의한 애무행위(cunnilingus)로 보고되었다.

Nancy는 8세이며 어머니와 함께 집단에 왔다. 행동은 교실에서 소란을 일으키는 것, 과잉행동 그리고 성적 행동 및 과도한 자위행위의 특성으로 보고되었다. 성 학대 이력은 지난 몇 년 동안, 의붓오빠로부터 애무하고, 키스하고, 질에 물건 삽입을 포함하여 학대를 받아 온 것이었다.

Kimberly는 7세로 어머니와 함께 회기에 참석했다. 제시된 문제 행동은 자살 생각, 악몽 그리고 적대적 행동이었다. 아버지가 방문 중에 '마우스' 게임을 하며 그녀를 깨물었다고 보고되었다. 그녀의 부모는 학대가 폭로된 이후부터 양육권 분쟁을 진행 중이었다.

회기 토론

1회기는 부모만의 소개 회기였다. 그 목적은 이러한 주민을 위한 집단 경험의 필요성을 설명하고 성 학대 문제를 논의하며 부모를 서로 만나게 하는 것이었다. 우리는 재희생을 막기 위해 고안된 프로그램의 예방적 측면을 제시하였다. 그 회기의 질의응답 시간에 성추행 또는 외상 경험이 아이들의 행동에 어떻게 영향을 미쳤는지에 대한 인식 부족을 분명히 알게 되었다. 이것은 정말로 이 부모에게 새로운 개념이었고, 돌이켜 생각해 보면 이 어머니와 보호자를 교육하는 데 더 많은 시간을 할애했어야 한다는 것을 깨닫게 해 주었다. 이러한 여성과의 초기 접촉은 성공한 것처럼 보였지만, 심지어 맞춤 형식인데도 불구하고 그 자료는 압도적이었다.

2회기에는 아이와 부모/보호자가 포함되었다. 주제는 신체 이미지였다. 미술 프로젝트의 목적은 긍정적인 자기보호와 신체 이미지에 대한 생각을 자극할 뿐만 아니라, 경계의 개념과 신체 이미지의 통합을 소개하는 것이었다. 각각의 아이에게 사람 윤곽이 그려진 모형을 색칠하여 재현하는 것이 주어졌다. 그런 다음 그 이미지는, 집단에서 만든 미래 미술 작품의 용기일 수 있는, 개인 폴더(folder)의 외부에 배치될 것이다. 폴더 위의 외부 이미지는 아이의 자아를 상징적으로 표상한 것이었다. 또한 채색과 토론을 위하여 자기보호(이 닦는 아이, 씻는 아이, 안전하게 길을 건너는 아이 등)를 나타내는 윤곽이 있는 일부 다른 그림들도 제공되었다. 이러한 그림들의 목적은 긍정적인 자기보호에 대한 생각을 자극하고 신체 이미지를 탐색하는 것이었다.

최적의 구조화 유지하기, 이에 따른 초기 불안 수준을 최소화하기를 위해, 우리는 각 개인 공간을 허락하여 아이와 부모를 큰 테이블 주위에 배치하였다. 미술 재료는 미술 프로젝트 지시가 주어졌을 때만 소개되었다. 처음 몇 회기 동안은, 미술 재료는 공유가 형성될 때까지 각 아이에게 건네졌다. 점차, 집단의 응집력과 규칙이 강화된 후, 외부 구조화가 제거되고 집단 프로젝트가 장려되었다.

처음 두 번의 회기에 참석한 세 여아의 미술 작품은 그들의 신체에 대한 특징적인 불안감을 나타냈다. 이러한 불안을 통제하는 정도는 각 아이마다 크게 달랐다. 최소한의 통제력을 보여 준 Renée의 미술 작품과 그녀의 불안을 정화시켰던 집단행동은 좀 더 자세

[그림 5-1] Renee의 자해

히 논의될 것이다.

그녀의 윤곽 그림([그림 5-1])에 대한 Renée의 치료는 자해의 표현으로 볼 수 있었다. 그녀는 짓누르는 듯한 진한 선으로 주황색과 파란색을 사용하였다. 집중적인 목 밑 색칠은 그녀의 몸에 대한 집착을 그리고 머리와 침해당한 신체 간의 구분을 나타내는 것일지도 모른다. 그것은 그림을 잘라 낼 때, 특히 잔인해 보였다. 오른손의 일부를 떼어 내고 오른발을 일부러 잘랐다(이것은 결국 어머니의 도움으로 폴더에 붙여졌다). 생식기 부위에 깊은 상처가 골반 부위까지 확장되어 있었다.

자기보호 그림을 완성한 후, Renée는 '침대에 누워 있는 아이'와 '목욕' 사진([그림 5-2]) 위에 낙서하였다. 그녀는 힘주어 얼굴을 지워 버리려고 했다. Renée는 이웃 어린 남자아이에 의해 추행당했다고 보고되었지만, 행동과 사진은 그녀의 집과 연관된 추가적인 문제들을 나타내는 것 같았다.

[그림 5-2] 가정에 숨겨진 문제들?

그 집에 삼촌이 살고 있다는 것을 나중에 알았지만, 이것은 가족 치료에서 부모에 의해 언급되지 않았다. 회기 중 Renée의 행동은 점차 적대적으로 변했다. 테이블을 가로질러 펜 뚜껑을 던졌고 의 자보다는 테이블에 앉았다. 그녀의 어머니는 이러한 행동을 거의 바로잡지 않았다.

지나친 관용과 제한 설정의 부족은 Renée을 위한 가족치료의 주요 이슈였다. 그녀는 이 회기 후, 첫 주에 또 성추행 당했다. 가 족은 그녀를 충분하게 보호하고 지도하는 데 다시 실패했다. 그 녀의 그림은 보호받을 가치가 없는 존재를 반영하는 것 같았다. Renée는 집단으로 돌아오지 않았고, 가족치료에 남았다.

셋째 주에, 우리는 결과적인 행동과 연관될 수 있는 특정 감정 상태의 네 가지 기본 인식에 대하여 격려하였다. 감정은 일시적 그 리고/또는 갈등적 경험으로 탐색할 수 있다. 그것들은 아이 자신 의 전체성보다 부분적인 표현으로 제시될 수 있다. 각 아이에게 손 잡이가 달린 파이 접시 네 개가 주어졌고, 아이에게 몹시 화나고,

슬프고, 행복하고, 무서운 네 가지 감정에 대해 각각 가면을 만들
도록 지시했다.

대부분의 여아는 비교적 쉽게 이 작업을 할 수 있었다. 일반적
으로 가면은 각각의 느낌에 대해 적절하게 상응하는 표현을 가지
고 있었다. Mary와 할머니 그리고 Debbie에게 두 가지 흥미로운
관찰이 이루어졌다. Debbie는 어머니의 도움 없이 모든 가면을 완
성하였다. 세 개의 가면은 얼굴의 특징을 알아볼 수 있는 반면, '무
서운'으로 표시된 가면은 상당한 혼란([그림 5-3])을 보이는 것 같
았다. 그녀는 펜으로 깊이 찔러 '얼굴' 다방면에 점을 찍었다. 이것
은 종종 불안과 갈등을 나타낸다. 다른 가면은 이 정도의 교란을
보이지 않았다.

Mary의 가면 만들기는 할머니로부터 많은 간섭과 비난을 받으
면서 천천히 진행되었다. 할머니는 어릴 때 성추행을 당했다고 밝
히면서도, 그 경험으로 인한 후유증은 부인했다. 그녀는 이 사건
을 잊는 것이 손녀와 자신을 위해 더 낫다고 굳게 믿고 있었다. 비
난과 간섭이 계속되자, 할머니는 갑자기 세 개의 가면을 가져와서
직접 완성하였다. 이는 자신의 미해결된 감정을 표현하고 싶은 무
의식적인 욕망을 나타내는 것 같았고 우리는 그녀의 요구를 용이
하게 하려고 하였다. 이러한 노력에도 불구하고, 앞으로 몇 주 안
에 할머니는 치료를 중단하고 보호자가 되는 것을 포기하여 Mary
를 방임했던 어머니에게로 그녀를 돌려보낼 것이다.

4회기는 '놀라움'과 '비밀'의 차이에 대한 토론을 제시하였다. 그
목적은 아동보다 가해자에게 성추행을 책임지게 하기 위한 것이
었다. 난화기법은 아이들이 실제 경험과 거리를 두는 데 사용되었
다. 그들은 각각 비밀과 놀라움에 해당되는 색깔로 난화를 색칠하
라는 지시를 받았다. 놀라움은 결국 표현될 수 있는 비밀로 정의

되었다. 비밀은 아이가 숨겨 두도록 요구받았던 경험이나 감정으로 보였다. 성추행과 관련된 비밀이 해롭다는 것은 발표 중에 분명히 전달되었다. 또한 아이가 비밀을 누설하고 싶었을 때 누구에게 털어놓을 수 있었는지도 강조하였다.

아이들의 두 그림에 대한 비교는 모든 '비밀' 그림이 에너지, 시간 그리고 감정에 더 많은 투자를 받았다는 것을 나타냈다. 흥미롭게도, 모든 아이는 '비밀'을 표상하는 색깔로 검정색과 빨간색을 선택하였다. 이미지 요약하는 그림을 창작하는 동안 자극받은 불안을 조절하는 일반적인 시도가 있었다. 대부분의 아이는 가끔씩 화지에 색이 번지면서, 어둡고, 짓누르는 스트로크(strokes)로 색을 칠하였다.

Daphne는 비밀 그림([그림 5-4])에서 가장 두드러지게 그렸다. 그녀는 음문(vaginal orifice)과 닮은 큰 입의 윤곽을 그렸다. 이미지 상단을 따라 짙게 채색되어 있었고 중심부에 움푹 파인 노란색, 불

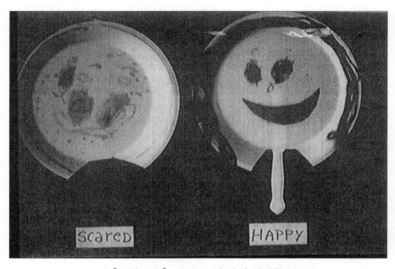

[그림 5-3] Dabbie의 감정 가면들

[그림 5-4] Daphne의 '비밀' 그림

명확한 구조물이 있었다. 그 '입'은 열려 있고 안에서 짙은 침이 흘러나오는 것으로 위협하는 것처럼 보였다. 내부에서 밖으로 뿜어져 나오는 지그재그 패턴은 날카롭고 들쭉날쭉하고 위협적으로 보였다.

이 그림이 불러일으키는 구강/질의 성욕에 대한 제안은 이 아이에 의해 보고된 학대와는 일치하지는 않지만, 원래 믿었던 것보다 더 광범위한 성 학대를 암시한다. 그 메시지는 이러한 비밀을 밝히려는 Daphne의 분투를 힌트로 말해 주는 경고로 옆 부분에 적혀 있다. 사실, 그녀의 폭로는 방임 가정에서 그녀를 유기한 결과였다. 가족 구조의 붕괴는 설명이 필요한 이러한 아이들에게 현실인 것이다. 이것은 종종 가해자가 위협하는 것이며, 범죄를 저지르지 않은 부모는 회피하고 싶어 하는 것이다. 아이들은 역기능적 가족의 행동을 책임질 수 없고, 견디지 말아야 한다는 분명한 메시지를 받아야 한다.

　　5회기는 부모만의 집단 미팅이었다. 그 목적은 12주 시작부터 어머니와 보호자의 경험을 논의하는 것이었다. 우리는 이 모임의 접근법에 융통성을 느꼈다. 미술 지침은 자녀에 대한 부모의 느낌, 성추행을 어떻게 다루었는지, 또는 자녀 행동에 대한 더 많은 논의에 초점을 맞추기 위해 도입된 것일 수 있다. 그 회기는 한 명의 부모만 참석하였기 때문에, 그러한 일정이 시기상조였다는 것이 명백해졌다. 집단 응집력이 형성되었을 때만, 이러한 '부모' 회기의 일정을 잡기로 결정하였다.

　　6회기 주제는 '편안한'과 '불편한' 접촉이었다. 그 목적은 '사적인' 신체 영역을 확인하고 교육하는 것이었다. 경계와 개인적 통합성 문제들이 다시 제시되었다. 미술 지침은 아이들에게 콜라주 재료를 보고 편안한 접촉과 불편한 접촉을 보여 주는 세 장의 그림을 선택하라고 요청했다.

　　Nancy와 어머니는 새 참가자로 집단에 합류하였다. 집단의 다른 구성원은 Nancy의 적응을 돕고 보유정보를 평가하기 위해 지난주의 자료를 검토하도록 요청받았다. 기존 집단 구성원은 각 주제에 대해 적절한 그림을 선택하는 데 어려움이 없었지만, Nancy는 두 종류의 접촉을 차별화할 때 혼란스러워 하는 것 같았다. 이 갈등은 그림 중 하나가 편안했는지 또는 불편했는지 결정할 수 없는 그녀의 콜라주에서 명백해졌다.

　　이러한 혼란은 의사 사무실에 있는 한 남자의 사진 주위에 집중되는 것 같았다. 그는 기계에 전선과 전극을 연결했다([그림 5-5]). Nancy는 사진 아래에 '좋은'과 '나쁜' 단어를 반복해서 지웠다. 그녀의 불안은 대부분 회기 동안 앉아 있지를 못하는 것으로 드러났다. 이 사진으로 촉발된 갈등은 며칠 후 Nancy가 오빠와 언니가 '의사' 놀이를 하도록 강요하였고 삽입에 장난감 의료 기구를 사용

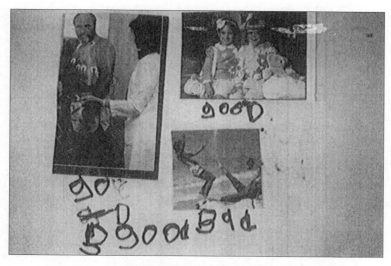

[그림 5-5] Nancy의 불안을 유발하는 '무의식적 접촉' 사진

했다는 것을 어머니에게 폭로할 때까지는 실감하지 못하였다.

　일곱 번째 주 회기는 악몽 문제에 집중하였다. 그 목적은 악몽 발생을 완화 또는 제거하기 위해 자기주장 기술을 가르치는 것이었다.

　이것은 자기신뢰, 자기확신, 개인의 힘과 강인함을 형성하게 될 것이다. 아이들은 악몽을 다루기 쉬운 크기로 축소하거나 거리를 두어, 그림으로 그리도록 요청받았다. 그리고 나서 그들은 자신을 내버려 두라는 이미지 요구에서 주장 기술을 연습하도록 격려받았다. 또한 그들이 원하는 대로 이미지를 찢어 버리거나 구기는 것도 허용되었다.

　Dabbie는 악몽 그리기를 거부하였지만, 대신에 '코끼리' 제목이 붙은 형태를 만들었다. 시트지 뒷면에 그녀가 말하는 '바보'를 그렸다. 들쭉날쭉한 이빨, 날카롭게 둘러싸인 입의 형태는, 페니스를 닮았다([그림 5-6]).

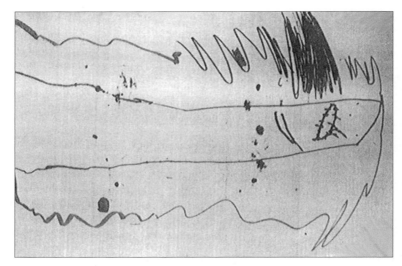

[그림 5-6] Dabbie의 '바보'

　이 그림에서 불안은 상단 모서리에 그린 묵직하고 휘갈긴 붉은 선에서 뚜렷이 나타났다. 그녀는 빨간 마커를 잡고 반복적으로 '바보'라고 하면서 찔렀다. 그 스트로크는 똑같이 화난 방법으로 '코끼리'에게 펜으로 베기를 반복하였다. 펜 자국을 낸 후, Debbie는 그림 주위에 원을 그렸는데, 아마도 감정적 격분을 억제하기 위한 시도일 것이다. 그녀는 언어적 주장 기술 연습에서 다른 구성원과의 합류를 거부했다.

　Mary는 화지 양쪽에 이 프로젝트의 괴물 그리기에 매우 열중하게 되었다([그림 5-7]과 [그림 5-8]). 그녀는 혼란과 소용돌이치는 정서를 자아내면서, 이미지 주위에 원을 그렸고, 많은 펜으로 찌르기를 더하였다. Mary의 처음 주장 시도는 소심했지만, 격려를 받으며 큰 소리로 외치면서 변화하였다. 새로 발견한 용기에 대한 기쁨은 그녀의 꼿꼿한 자세, 장난기 어린 미소 그리고 계속해서 큰 소리치면서 하는 반복적인 요구에서 분명했다. Mary에게는, 결

[그림 5-7] Mary의 괴물

국 자신의 악몽 사진에 "그녀를 내버려 둬."라고 소리칠 수 있었던 Nancy가 훌륭한 롤 모델이었다.

8회기의 주제는 학대로 인하여 영구히 피해를 받는다는 신념인 '손상된 상품' 신드롬이었다. 우리는 아주 소중한 것을 잃어버린 한 소녀의 붉은 리본에 대한 이야기를 읽으면서 시작하였다. 리본 없이는 수용되지 않을 것이라는 게 그녀의 두려움이었다. 상실과 전환에 대한 개념은 이러한 연습의 추진이었다. 각 아이에게 그 이야기의 소녀처럼 느꼈던 때 또는 불쾌한 경험을 말해 주는 시기에 대한 그림을 그리도록 하였다. 이후에, 자신이 좋아하는 사진의 한 부분을 골라 견본으로 사용할 것이다.

이 프로젝트가 시작되기 전에, 집단 구성원에게 Kimberly와 어머니가 소개되었다. 치료를 종결한 Mary와 할머니의 떠남에 대한 안내와 논의로 시간이 소요되었다. 아이들은 불안을 수용하고 짧은 시간에 완성하기 위해 더 작은 화지를 제공받았다. 컬러 접시에 망가진 파란색 원은 원래 그림으로부터 잘라 낸 부분을 나타낸다.

[그림 5-8] Mary의 추가된 괴물들

아이들은 모두 이 과업을 조금 어려워했다. 그 주제는 그들의 성추행을 바로 참조하였으며, 미술 작품은 그 경험과 연관된 불안을 반영하였다.

Daphne의 미술 작품은 이전 작품에 비해 작고 퇴행적으로 보였다([그림 5-9]). 그녀의 첫 시도는 화지의 맨 위에 보이는, 손 또는 발이 없는 작고 무기력한 모습이었다. 그러고 나서 선을 그어서 지우고 화지의 다른 면에 그림을 그렸다. 이번에는 발이 위협에서 멀어진 보라색 형상을 그렸다. 그녀는 분노의 반영일 수 있는, 빨간 노를 젓는 것 같은 손이라 언급했지만, 팔을 벌린 취약한 자세로 남아 있었다. 그녀는 갈색으로 조각난 형상을 '공격자'로 동일시하였다. 얼마나 많은 불안이 갈색 형상과 연관되어 있는지는 분명하며, 갈색 형상은 인간 형태로서 거의 인식될 수 없다.

이 프로젝트의 첫 번째 파트 동안, 집단에서는 뚜렷한 강렬함이 있었다. 보호자인 어머니는 원형 견본 사용을 돕기 위해 아이와 조

[그림 5-9] '손상된 상품' 신드롬

용히 작업했다. 최종적으로 아이가 잘라 내는 부분의 선택에서 간
섭은 없었다. 이후, 경험은 변하지 않고 남아 있을 필요가 없다는
전환의 개념을 도입하였다. 그 후, 함께 테이블을 정리 및 배치하
고, 추가적인 미술 재료들을 소개하며 부모의 참여를 격려하였다.

어머니들은 매우 흥분하였고 열정적이었다. Daphne의 숙모는
참석 횟수가 최소인 유일한 성인이었다. 어머니와 딸은 나비를 꾸
미기 위해 공동 작업을 하면서, 장난기가 넘쳤다. 어머니들은 밋
밋한 나비에 무지개와 꽃을 많이 붙였다([그림 5-10]). 이것이 첫
번째 그림의 난감함을 얼버무릴 시도로 해석될 수 있지만, 집단 분
위기는 확실히 바뀌었다. 어머니와 아이는 서로서로 그리고 다른
가족과 함께 상호작용하였다. 이전에 볼 수 없었던 협력과 공유하
는 느낌이었다. 아이와 부모는 흥분하고 열중했던 집단을 끝으로
치료실을 떠났다.

아홉 번째 주는 Daphne가 숙모와 삼촌이 가족 회기에 참석을

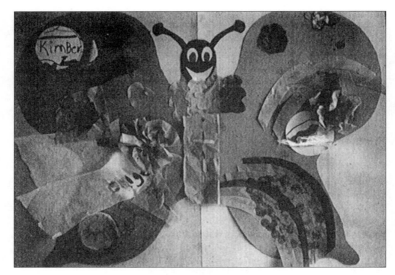

[그림 5-10] 모녀 공동작업

거부했기 때문에 더 이상 집단에 참여하지 않을 것이며, 대신 개인치료를 계속할 것이라는 소식으로 시작했다. 우리는 Daphne에 대한 숙모와 삼촌의 정서적 관심이 거의 없었다고 염려했었다. 지난 마지막 집단 회기에서 숙모의 최소한의 상호작용은 가정상황을 반영한 것으로 보였다. Daphne는 외부 및 안정적인 환경의 필요성이 있었지만, 보호자와의 애정 어린 유대는 여전히 막연했다.

아홉 번째 주 주제는 죄책감 문제였다. 그 목적은 성 학대가 흔히 아이들의 사랑, 애정 그리고 인정 욕구와 연관되어 있다는 것을 인정하는 것이었다. 아이들은 대개 자신이 이러한 자연스러운 욕구를 가지고 있다면, 자신과 함께하는 학대를 틀림없이 원했을 것이라고 믿는다. 이전의 긍정적인 감정(사랑, 수용 등)은 현재 근친상간 경험과 연결되어 있다. 조건화된 반응이 형성된다. 아이가 사랑 또는 사랑받는 느낌을 원할 때마다, 그들은 죄책감 그리고/또는 수줍음을 재경험하기 시작한다. 집단에게 한 권의 책을 읽게

했고, 그 주제는 자신이 종종 즐기는 경험에 대한 개념이었지만, 이것은 즐거움을 위해 무엇을 해야 하는지와는 별개이다. 우리는 이것이 비판단적인 방법으로 학대(분노, 우울, 고통, 흥분 등)에 연루되는 모든 감정을 인정하는 아이들에게 도움이 되기를 희망했다.

조형물을 만들기 위해 집단 구성원에게 점토가 제공되었다. 어머니는 자녀가 지시한 대로 돕도록 격려받았다. 부모는 자녀와 또다른 공동작품을 위해 이 프로젝트 후반에 참여하기로 되어 있었다. 이 일이 일어나기 전에, Kimberly의 미술 작품은 나머지 회기에 초점을 맞추었다. 그녀의 과정은 더 구체적으로 논의될 것이다.

Kimberly는 어머니와 함께 작업하였고 아버지와 어머니와 아이로(놀라울 정도로 닮아 보이는) 구성된 가족 조각을 만들었다. 마침내 그녀가 성인 중 한 명을 '어머니'로 지정하자, Kim은 입을 생략해야 한다고 주장하였다. 생략은 종종 해부학적 부분이 부적절하거나 기능을 제대로 할 수 없음을 나타내는 방법이다. 세 개의 형상을 완성한 후, Kim의 어머니는 성추행 사건을 드러내기 위해 탐색적 질문으로 자녀를 격려하였다(없어진 형상의 입을 강조한 그 사건에 대하여 논하지 못한 어머니의 무능력).

점토의 특질을 이용하면서 Kim은 아버지가 아기 때는 상처 주지 않았지만, 어린 시절 주말 방문 중에 자신의 엉덩이를 꼬집었다고 집단에게 말했다. 이렇게 이야기하고 나서, 그녀는 아버지의 팔에서 아이 형상을 확 잡아채서 갈기갈기 찢기 시작하였다. 그녀의 어머니는 눈에 띄게 떨었고, 그 조각들을 한데 모았다. Kim은 그 형상을 으깨기 위해 어머니로부터 그것을 반복해서 잡아챘다. 공동지도자가 개입해서 Kim에게 성추행과 관련된 느낌에 대하여 물었다. 처음에는 말로 표현하는 게 어려웠다. 마침내 그녀는 아버지가 어떻게 행동하기를 원하는지에 대해 이야기했다. 그러고 나서 조형물을 바꾸기로 결심하였다.

　이 프로젝트에 대한 통제가 허용되었던 Kim은, 새로운 조형물의 일부를 만들도록 각 집단 구성원에게 지시했다. 처음에 그녀는 아이 형상이 아기로 만들어지는 것을 원했다. 그녀는 어머니에게 점토로 만든 아이의 찢어진 조각으로 아기를 만들게 했다. 또한 다른 구성원에게 요람, 담요, 베개, 인형 그리고 음식을 만들도록 하였다. Kim은 아기가 안전하기를 바란다면서, 능숙하게 각 구성원에게 작업을 위임했다.

　우리는 그녀의 요구에 맞는 조형물로 바꾸도록 Kim을 격려했다. 그녀는 아버지를 요람 옆에 두었다. 어머니 형상에 입을 추가하였고 또한 요람 옆에 놓았다. 아버지 형상을 유심히 지켜보는 어머니 모습이었다([그림 5–11]).

　Kim은 자신의 조형물 작품에서 많은 문제를 설명할 수 있었다.

[그림 5–11] Kim의 재연된 가족 조각

그 문제는 자신에 대한 분노(아이의 형상을 찢는 것), 말하지 못하는 어머니의 무능함에 대한 분노(입이 없는 것), 아버지의 성추행 등이다. 조형물을 재연하는 데서 많은 것이 이루어졌다. 아버지 존재에 대한 필요와 욕구에 대한 지속적인 사랑(요람 옆에 아버지 배치하기), 어머니를 통해 더 이상의 피해로부터 보호받고 싶은 소망(입을 붙인 것 그리고 아버지를 지켜보는 어머니 형상), 특히 어머니의 보살핌과 양육의 필요성(아이를 아기로 만들기), 집단이 그녀를 지지하도록 하고 싶은 그녀의 소망(모든 구성원이 조각 재연에 참여하기)이 표현되었다. 그렇게 강렬한 감정을 표현한 후 이 회기를 종료하는 것은 특히 어려웠다. 그렇게 이 과정에 대한 논평을 마무리하였다.

열 번째 주는 분노 발작이 주제가 될 것이다. 그 목적은 분노와 그에 따른 행동화 간의 연관성을 인정하도록 장려하는 것이었다. 미술 프로젝트는 아이가 분노했을 때 어떻게 보이는지를 형상화하는 과정에 초점을 맞출 것이다. 어머니는 분노한 아이를 위한 안전한 장소를 만들도록 요청받았을 것이다. 이것은 아이들 자신이나 타인을 다치게 하지 않도록 양육 기술 측면에서 논의되었다.

이 회기에서 우리는 이러한 부모에게 자녀가 화를 낼 수 있는 안전한 환경을 만들도록 요청하는 것은 시기상조라는 것을 알게 되었다. 대신 자녀가 행동화하였을 때 어떻게 느꼈는지에 대하여 그들에게 그림을 그리도록 요구하는 것이 더 현명했을 것이다. 이러한 부모는 분노를 순화할 안전한 장소가 없는, 화가 난 그들 자신의 내면의 아이였다. 이것은 Nancy와 어머니가 만든 미술 작품에서 특히 명백했다.

집단에 들어가자마자, Nancy의 어머니는 가족 회기가 특히 강렬했다고 드러냈다. Nancy는 보호가 부족했다고 어머니에게 맞섰

다. 그녀는 눈에 띄게 동요하며 자리에 남아 있는 데 큰 어려움을
겪었다. 그녀는 통제하려 하지 않고, 그들을 수동적으로 받아들였
던 어머니에게 경멸하는 발언을 자주 하였다.

Nancy는 촉수 같은 다리, 웃는 표정 그리고 튀어나온 눈의 두툼
한 형상을 만들었다. 그녀는 긴 초록색 소시지 모양을 만들어 끝부
분에 흰색 점토로 덮었다. 그녀는 핥는 시늉을 하며 이 남근 상징
을 입으로 가져갔다. 그러고 나서 그 초록색 형체를 촉수 형상에
꽂았다. 그녀는 마침내 초록색 형체를 제거하고 촉수로 덮힌 형상
을 완전히 파괴하였다.

그녀의 어머니는 '안전한' 장소를 그렸다([그림 5-12]). 코너 상
단에 작은 창문이 높이 있는 삭막하고 텅 빈 공간이었다. 방 안에
아무것도 없고 문만 있었다. 그것은 교도소 감방과 상당히 비슷했
다. 딸의 행동, 즉 모녀 관계를 특징짓는 수동-공격적 반응을 처
벌하는 방이 분명했다. 방 안에 원하는 것이 무엇인지를 물었을
때, Nancy는 사자, 아이스크림, 비 그리고 인형을 언급했다. 어머

[그림 5-12] 어머니의 '안전한' 장소

니는 그것들을 모두 그렸지만, 방은 여전히 메마르고 어색했다.

이 어머니는 딸의 폭로에 매우 적대적이었다. 그녀가 사랑했던 아들은 그것이 알려지자 집에서 쫓겨났다. 그녀는 폭로된 아들의 학대 행동에 대하여 끊임없이 갈등적인 감정을 지적했다. 사랑하는 아들의 범죄행동이 새롭게 알려지면서 계속 시달렸을 딸을 위로하고 지지하는 것은 거의 불가능했다. Nancy는 자신의 '안전한' 장소에 있는 각 사물에 집단 구성원의 이름을 부여했다. 어머니가 줄 수 없는 이해와 지지를 그 집단이 자신에게 줄 수 있다는 것을 인정하는 것 같았다.

열한 번째 회기는 다음 주에 사용될 게임판과 게임 조각 제작에 전념했다. 게임의 목적은 그전의 모든 주의 주제에 대한 검토를 제시하는 것이었다. 게임 조각은 아이가 점토로 만들 것이다. 판은 부모의 도움으로 만들어졌다. 부모와 아이는 우선 색 도화지에 사각형 선을 그렸다. 컬러로 된 사각형 선 양쪽에는 그전의 모든 주의 주제별로 분류된 그림이 있을 것이다.

게임 자체는 간단했다. 컬러 휠 스피너가 사용되었고 아이의 게임 조각은 적절한 색깔로 발전했을 것이다. 아이는 그림 분류와 연관된 '만약'이라는 질문을 받게 될 것이다. 예를 들면, 그녀가 그 주의 감정에 관한 그림이 와닿았다면, 그녀는 "만약 당신이 친구에게 화가 났다면 무엇을 할 것인가?/무슨 말을 할 것인가?"라는 질문을 받을지도 모른다. 또는 사각형에 거의 닿을 정도로 가깝게 도달했다면, "만약 누군가 당신을 만지면 불편해지지 않았을까?"라는 질문을 받을 수도 있다. 그 질문은 처음에는 일반적이며, 아이들의 불안이 줄어들면서 더 구체적일 수 있다. 이 게임에서 해답은 더 많은 학습, 정교화 그리고 주장 기술 강화에 사용된다. 거기에는 출발선과 결승선이 있다. 그 답변이 집단에게 정답으로 받아들여질 때 아이들은 전진한다.

아이들은 게임 조각을 만들기 위해 우리 중 한 명과 함께 작업하였다. Kim과 Nancy의 선택은 'Sunshine Care Bear'였다. 그들은 사랑스러운, 포옹할 수 있는, 행복한, 확장된 지지 가족과 연결되어 있는 공상 생명체를 골랐다. Debbie는 부엉이를 게임 조각으로 만들었다. 만약 우리가 집단의 의식적 관점에서 해석한다면, Kim과 Nancy 모두 그들이 미술 작품으로 기꺼이 드러내고자 했던 것처럼 집단을 수용하고 신뢰하는 것 같다. 부엉이처럼, 냉담하고, 관찰하며, 주의 깊게 지켜보는 Debbie는 아직 다른 사람과 합류할 준비가 되지 않았다. Debbie는 집단 회기에 참석하는 것을 즐겼지만, 여전히 언어적으로는 참여하지 않았으며, 어머니에게 계속해서 속삭이고 나서 집단에게 말할 것이다.

아이가 게임 조각들을 만드는 동안, 어머니는 게임판 제작에 몰입했다(어머니와 아이는 그 회기 초에 그림을 골랐다). 어머니가 작업하면서, 개별 자녀와 함께 공통적인 문제를 토론하기 시작했다. 표현과 경험의 유사성이 명료해지면서 동료애가 나타나기 시작하였다. 문제 행동을 다루기 위한 전략이 논의되었다. 그들은 긍정적 및 부정적 경험 모두를 이용하여, 학교 체계, 법원, 지원체계, 친척 등의 상호작용을 격렬히 비교하고 대조하였다. 이러한 부모는 비슷한 경험이 있는 다른 여성과 자신의 문제를 논의하는 기회를 갈망하는 것 같았다. 그들에게 회기를 끝내도록 하는 것이 어려웠다.

토론은 우리가 떠난 후에도 건물 앞에서 계속되었다. 우리는 이러한 여성들이 감정 표현, 힘과 지지를 얻을 수 있는 장소가 필요했다는 것을 알았다. 그들이 기꺼이 이 친밀한 상호작용을 감내한다는 것은 서로에게 그리고 딸에게는 선물이었다. 그들은 2주간

부모 집단만을 제공받았다. 모두 참석에 동의했다.

    12회기는 게임 놀이에 전념하였다. 세 쌍의 부모와 아이 모두 참석하였다. Kim과 Nancy는 놀이에 더 전념하였지만, Debbie는 어떤 질문에도 대답을 거부하며 가만히 있지 못하였다. Nancy는 이전 주부터 자극적인 재료 검토가 어려웠음에도 불구하고, 회기 전체 동안 비교적 침착함을 유지했다.

    이 회기의 의의는 집단의 시작 이후 각 참가자의 행동의 현저한 변화에 대한 논의가 될 것이다. Kim은 자신의 신체에 대해 알게 된 것을 논의하는 것으로 시작하였다. 그녀의 자기주장 기술은 강해 보였고, 뒤이어 Nancy를 위한 모델이었다. 이번에는, Nancy가 편안한 접촉과 불편한 접촉을 상당히 확인할 수 있었다. 또한 접촉에 대한 원래 회기와는 분명히 다르게, 반대의 목소리를 강하게 낼 수 있었다. Dabbie는 어머니와 말다툼을 유발하여 이 연습을 회피할 수 있었다.

    '비밀'이 주제였을 때, Kim은 아버지가 그녀를 설득해서 자신의 감시받지 않은 방문에 대하여 거짓말하도록 했다는 것을 드러냈다. 아버지가 협박했음에도 불구하고, 만약 그녀가 말했다면, 다시는 그를 볼 수 없을 것이라는 이러한 사실을 보모에게 폭로했다. 의미심장하게도, Kim은 이러한 사실을 어머니에게 먼저 드러내지 않았다. 그 소식에 대한 어머니의 반응은 아버지에 대한 특징적인 독설이었다. Kim의 그림은 남자아이를 차에 태우고 운전하는 남자에 대한 것이었다. Kim은 부모와 힘든 대화를 하는 한 아이를 보여 준다는 것을 지적하였다([그림 5-13], 하단 코너). 그 아이는 슬퍼 보이고, 부끄러워하는 듯 눈을 내려 뜨고 있다. 그 남자 형상은 멀게 보이고 화난 것처럼 보인다. 이 그림 속의 아이는 Kim의 딜레마—싸우는 부모 사이에 끼어 있으며, 자신이 수치스럽고 그들의 고통에 책임이 있다는 것을 믿는 것―를 전형적으로 보여 준다. 그 운전자는 그들의 문제를 Kim에게 책임을 묻는, 화나고 위축된 부모 중의 한 명을 상징화할 수 있다.

같은 '비밀' 섹션에서, Nancy는 또한 나이 든 여성, 어린 소년 그리고 10대 소녀와 함께 찍은 흥미로운 사진을 선택하였다([그림 5-13], 중앙). 가운데 있는 어린아이가 조용히 하라고 요구하면서, 손가락을 입술에 대자, 여성의 표정은 깜짝 놀라며 고통스러워 보인다. 이것은 학대 사실이 공개되자 어머니가 공포와 불신감으로 계속됨에 따른 Nancy의 곤경을 상징한다. 침묵을 원하는 남자아이는 형사상 학대 혐의를 받는 가족으로부터 격리된 Nancy의 오빠를 표상할 수 있다. 그 소년은 걱정하며 다소 두려워하는 것 같다. 그 사진 속에 더 나이 든 소녀는 단호하고 확고해 보인다. 이 나이 든 소녀는 어머니와 오빠의 반응에도 불구하고 계속 폭로하겠다는 Nancy의 결심을 표상하는 것으로 보인다. 가장 중요한 것

[그림 5-13] Nancy의 비밀

은 어머니의 충격적인 반응에도 불구하고, Nancy가 지금 부정적인 비밀을 폭로할 첫 번째 사람으로 그녀를 명단에 올렸다는 사실이다. 이전 회기에서, 그녀는 어머니를 제외한 모든 사람에게 이름을 부여했었다. 접촉을 표현하기 위해 선택된 그림은 Kim과 Nancy 모두에게 노골적인 성적 주제였으며, 가장 광범위한 성 학대였고, 접촉에서 커플의 극히 생생한 표현을 골랐다. 그 그림은 근본적으로 성적이긴 하지만 Nancy의 선택과 비교해서 다루기에는 부드러웠다. 이는 Nancy의 성추행이 Kim의 성추행보다 신체적으로 더 가혹하다는 보고와 일치한다.

Debbie는 한 아이와 가스 펌프 장난감 사진을 선택했다. 그 펌프는 확실히 남근 표상이며 놀이 중인 아이는 Debbie가 어떻게 학대를 접하였는지를 나타낼 수 있다. 다른 아이가 주장 기술을 연습하는 동안, Debbie는 부엉이 게임기에 조각 두 개를 가져와서 가스 펌프 놀이 중인 소년의 눈을 가렸다. 그녀는 마침내 연습이 끝날 무렵 그것을 제거하였다. 아이가 놀고 있는 동안 이러한 'blinding'은 '게임'으로 소개되어 학대에 대한 무지와 보는 것의 결여를 다시 반영하는 것일지도 모른다. 이 주제는 Debbie 그림에서 반복적으로 보이는데, 그것은 강화된 많은 특성 때문에 그 경험의 착취를 부인하려는 소망이다.

참가자들에게 끝으로 수료증 수여를 이끌었던 그 회기는 첫 번째 시리즈로 종결하였다. 부모 집단은 다음 주에 만날 것이다. 복합가족 집단 회기는 몇 주 안에, 문제의 확장과 더 큰 강도로 계속 이어질 것이다. 이러한 집단의 입회는 모든 구성원이 동의한 대로, 적절히 선별된 가족들에게 개방될 것이다. 오래된 매체는 검토될 것이며 집단이 계속 확고해짐에 따라 새로운 매체가 소개될 것이다.

집단 경험에 대한 논의

이처럼 개인적인 경험을 치료로써 평가하는 것은 항상 어렵다. 개인에게 미치는 영향은 정확한 측정치를 규정하기 어려워서 종종 너무 미묘하다. 이후에는 아이와 부모의 관찰된 행동과 표현의 변화에 대해 논의할 것이다. 이것이 치료 효과를 결정하는 수단일 것이다.

우리는 부모와 아이 모두를 위해 수용과 안전한 분위기를 조성하고 싶었다. 그리고 이것이 개인 및 공동의 잠재성을 탐색하는 비옥한 토대로 제공될 것이라는 것을 느꼈다. 복합가족 집단의 이용은 참가자에게 유사한 다른 가족의 분투를 관찰하는 것이 허용되었다. 우리는 가족을 자기탐색으로 안내하였기 때문에, 구성원은 공감적 배려를 통해 서로서로 지지받았다. 그 결과가 새로운 행동이 되면서 경직되고 역기능적인 패턴으로부터 벗어나 성장하기를 바랐다.

Renée는 첫 회기 이후 집단을 떠났다. 그녀는 아버지가 참석한 가운데, 가족치료를 계속하였다. 그녀의 어머니가 수술할 수 없는 뇌종양으로 고통받았고, 가족치료의 초점은 즉각 이 문제를 다루었다는 것을 알게 되었다. 아버지가 제한 설정에 익숙해지고 어머니의 질병과 관련된 문제들이 논의되면서, 그녀의 반항행동은 크게 감소되었다.

Mary와 할머니는 일곱 번째 주 회기로 종료되었다. 그녀는 다른 아이와 마찬가지로, 치료 초기에 문제 행동이 악화되었다. 이것은 심리치료 반응에서 빈번하게 관찰되기 때문에 부모의 허용은 강한 정서적 책임이 요구된다. Mary의 할머니는 그녀를 어머니에게 보내기로 결정하였다. 마찬가지로, Renée 어머니는 철회하였으며, Daphne 숙모는 별거를 선택했다. 남아 있는 세 명의 참여자가 생물학적 모녀였다는 사실이 흥미롭다.

남아 있는 모든 아이 또한 제시된 문제 행동이 초기에 악화되었다. 이것은 가족 체계 관점에서, 변화가 생기기 전 항상성에 대한 마지막 노력으로 보일 수 있다. Nancy는 집단에서 자기주장 기술로 힘을 얻게 되자, 어머니에게 언어로 공격하는 것이 증가했다. 이와 더불어 어머니에게는 딸과 아들에 대한 구분된 헌신의 이해 그리고 지원했던 집단의 다른 여성과의 동맹관계의 진전도 있었다. 그녀는 Nancy 행동을 억제하기 위한 전략을 시도할 수 있었고, 계속된 폭로에 개방적인 태도를 유지할 수 있었다. 마지막 집단 회기 3주 후, Nancy는 보호의 결여 문제로 어머니에게 직면할 수 있었다. 이후 그녀의 공격행동과 성적 행동은 상당히 감소되었다.

Kimberly는 조용하고 순종적인 아이로 보였다. 처음 몇 회기가 끝날 무렵, 그녀의 어머니는 공격성과 분노폭발의 증가를 보고하였다. 격려가 증가됨에 따라, 그녀는 어머니의 남자친구와 관련된 문제, 재폭력의 두려움, 아버지와의 관계에 대한 느낌 등을 공개적으로 논의할 수 있었다. 열두 번째 회기를 지나서 그녀의 자살 생각은 사라졌고 악몽은 감소되었다. Kim은 아이들 중 가장 표현을 잘하는 사람 중 한 명이었고 주장 기술에서 다른 사람에게 롤 모델이 되었다. 그녀의 어머니는 공개적으로 분노감을 논의함으로써 자녀를 덜 통제하게 되었다.

Dabbie와 어머니의 행동 변화는, Debbie가 가장 어리고 말수가 적었고 모든 회기에 유일하게 참석한 가족이었기 때문에 가장 흥미롭다. 그 아이의 본래 표상은 의심스러웠고 우울했다. 그녀의 어머니는 압도되어 우유부단해 보였다. Debbie는 어머니와 함께 수동−공격적 행동의 특징인 폐쇄적 공생관계를 형성하였다. 다른 아이와 마찬가지로, 12주 과정 중간쯤 Debbie는 분노폭발로 노골적인 표현을 했다. 이것은 여성 집단과 효과적인 양육 기술 교육의 지지적인 입장, 어머니의 강인해진 힘에 의한 도전이었다. 열두 번째 주가 되자, Debbie의 행동은 급진적으로 변화되었다.

그녀는 제시된 문제해결뿐만 아니라, 행복해 보였고, 덜 의심스러워 보였다. 더 차분해진 Dabbie의 어머니는, 분노 표현에 더 직설적이었고, 딸을 다루는 데 있어서 더 크게 자기주장을 나타냈다. Dabbie는, 이전에는 불가능했던 어머니로부터의 분리, 다른 집단 아이들과의 놀이에서 혼자놀이 그리고 유치원 다니기를 할 수 있었다.

논의된 아이 중 마지막 Dephne는 일찍 집단치료를 끝냈지만, 그녀의 가족치료사와의 이러한 문제들에 대한 작업은 계속되었다. 미술 작품이 처음에는 짙은 색과 선의 사용으로 강한 방어를 보였다는 점이 특히 흥미로웠다. 마지막 회기에서, 그림은 작고, 단색, 빈약한 형상으로 취약성과 나약함을 나타냈다. 그녀는 다른 사람이 성추행을 경험했다는 것을 알기 때문에 그 집단이 중요했다고 밝혔다. 느낌은 다른 아이들에 의해 입증되어 왔다. 그녀는 더 이상 낙인찍히고 혼자라고 느끼지 않았다. Dephne는 집단에서 배웠던 것을 책으로 만들었다. 초점은 그녀 몸의 중요성이었다. 그녀의 치료사와 이 책을 공유한 후, 행동화에 상응하는 감소가 있었다.

결론

이 집단은 공동체 의식, 상호 지지, 공감, 이해, 문제에 대한 비판단적인 치료 그리고 교육을 제공하였다. 참가자들의 내적 경험의 진실이 과거의 블록을 지나 인식으로 안내되어 번성하는 기회가 되기를 희망했다. 그들은 자신의 고통과 괴로움 속에 혼자 남겨진 것이 아니라는 사실과 다른 사람들이 성추행에서 느꼈던 것을 인식할 수 있었다. 부담감 없이 부정적 그리고 긍정적 느낌을 모두 표현할 수 있었다. 욕구와 경계 설정을 명확히 표현함으로써, 강함과 조종에 의지하지 않고 힘을 사용할 수 있다는 것을 배웠다. 집단은 성장과 자립을 지지받음으로써 직감하는 과정을 더욱 신뢰하게 되었다.

📖 참고문헌

Bass, E., & Davis, L. (1988). *The Courage to Heal: A guide for Women Surviors of Child Sexual Abuse.* New York: Harper & Row.

Besharov, D. (1990). *Recognizing Child Abuse; The Guide for the Concerned.* New York: Free Press.

Bolton, F. G., Jr. (1989). *Males at Risk.* Newberry Park, CA: Sage Publications.

Buck, J. N. (1970). *The House-Tree-Person Revised Manual.* Los Angeles: Western Psychological Services.

Burgess, A. W., Groth, A. N., Holstrom, L. L., & Sgroi, S. (1978). *Sexual Assault of Children and Adolescents.* Lexington, MA: Lexington Books.

Carozza, P., & Heirsteiner, C. (1983). Young female incest victims in treatment: Stages of growth seen with a group art therapy model. *Clinical Social Work Journal, 10*(3), 165-175.

Chew, J., & Park, K. (1984). *The Secret Game.* Independently distributed.

Dayee, F. (1982). *Private Zone.* New York: Warner Books.

Driver, E., & Droisen, A. (Eds.). (1989). *Child Sexual Abuse: A Feminist Reader.* New York: New York University Press.

Erikson, E. (1950). *Childhood and Society.* New York: W. W. Norton.

Finkelhor, D. (1979). *Sexually Victimized Children.* New York: Free Press.

Forward, S., & Buck, C. (1978). *Betrayal of Innocence: Incest and Its Devastation.* Los Angeles: J. P. Tarcher.

Freeman, L. (1982). *It's My Body.* Seattle: Parenting Press.

Goodwin, J. (1982). *Sexual Abuse: Incest Victims and Their Families.* Boston: John Wright-PSG.

Groth, A. N. (1982). The incest offender. In S. M. Sgroi (Ed.), *Handbook of Clinical Intervention in Child Sexual Abuse* (pp. 215-239).

Lexington, MA: Lexington Books.

James, B., & Nasjleti, M. (1983). *Treating Sexually Abused Children and Their Families.* Palo Alto, CA: Consulting Psychologists Press.

Janoff-Bulman, R., & Frieze, I. (1983). A theoretical perspective for understanding reactions to victimization. *Journal of Social Issues, 39*(2), 1-17.

Kramer, E. (1971). *Art as Therapy with Children.* New York: Schocken Books.

Kunzman, K. A. (1990). *Healing Way, Adult Recovery from Sexual Abuse.* San Francisco: Harper & Row.

Landgarten, H. B. (1981). *Clinical Art Therapy: A Comprehensive Guide.* New York: Brunner/Mazel.

Lew, M. (1990). *Victims No Longer: Men Recovering from Incest Other Sexual Child Abuse.* New York: Harper & Row.

Mayer, M. (1968). *There's Nightmare in My Closet.* New York: Dial Books.

Naitove, C. (1982). Art therapy with sexual abused children. In S. M. Sgroi (Ed.), *Handbook of Clinical Intervention in Child Sexual Abuse* (pp. 269-308). Lexington, MA: Lexington Books.

Naumburg, M. (1950). *An Introduction to Art Therapy: Studies of the Free Art Expression of Behavior Problem Children and Adolescents as a Means of Diagnosis and Therapy.* New York: Teachers College Press.

Rush, F. (1980). *The Bert kept Secret: Sexual Abuse of Children.* Englewood Cliffs, NJ: Prentice-Hall.

Russell, D. (1986). *The Secret Trauma: Incest in the Lives of Girls and Woman.* New York: Basic Books.

Sgroi, S. M. (Ed.). (1982). *Handbook of Clinical Intervention in Child Sexual Abuse.* Lexington, MA: Lexington Books.

Stember, C. J. (1980). Art therapy: A new use in the diagnosis and treatment of sexually abused children. In K. McFarlane (Ed.), *Sexual Abuse of Children: Selected Readings* (pp. 59-63). Washington, DC: National Center on Child Abuse and Neglect.

Wadeson, H. (1980). *Art Psychotherapy*. New York: John Wiley.

제6장

정치적 난민 가족
미술치료

Anne Kellogg와
Christine A. Volker

이 장에서는 최근 미국에 도착한 중미 난민의 진단받지 않은 모
집단의 위기 개입으로 사용되는 '복합가족 집단치료(multifamily
group therapy)' 모델을 설명한다. 이 장은 특정 거주자이지만, 이
러한 모델이 노숙, 전쟁 또는 자연 재해로 인해 오래 살던 곳을 떠
난 경험이 있는 가족 집단에게 새로운 환경에 적응하도록 돕기 위
해 제공될 수 있다. 그 과정은 난민의 여정을 다루고 표현하기 위
한 목적으로 지지적인 환경에 미술치료와 집단치료를 통합하는
과정이다. 이 장에서는 복합가족 미술치료에서 나타났던 그림과
그 역동성을 논한다. 특히 피난, 이주 그리고 미국에서의 재정착
에 대한 심리적 영향에 주의를 기울인다.

임상 작업을 설명하기에 앞서, 난민 내담자의 심리적 경험을 충
분히 이해하는 것이 중요하다. Frelick(1988)은 난민을 "박해 또는
박해에 대한 충분한 근거가 있는 두려움 때문에 인종, 종교, 국적,
특정 사회단체 가입 또는 정치적 견해에 근거하여 돌아올 수 없거

나 원하지 않는 본국 이외의 사람들"(p. 8)로 정의한다. Elie Wiesel의 말을 인용하면서 McEoin(1985)은 좀 더 심리적인 정의를 내렸다. "그것은 그녀나 그에게 시민권이 없다는 것이다. 수백만은 아니더라도 수십만 명의 사람이 하룻밤 사이에 아무도 나를 원하지 않는다는 것을 느꼈다. 이제 아무도 원하지 않고 아무곳에서도 바라지 않는 것보다 더 고통스러운 것은 없다. 그리고 이것이 바로 난민이다."(p. 12) 따라서 이민자와 난민을 구별해야 한다. 이민자가 경제 상황을 개선하기 위해 자발적으로 한 나라에서 다른 나라로 이주하는 반면, 난민은 박해나 박해의 두려움 때문에 한 나라를 떠난다.

지난 10년 동안 약 100만 명의 중미 사람이 자국에서 증가하고 있는 폭력과 억압으로부터 벗어나기 위해 미국으로 피신해 왔다. 이 사람들 중 많은 수가 1986년 「이민 개혁 및 통제법」에 따라 사면을 받았지만, 수십만 명의 사람들이 불법적인 신분이다. 만약 그들이 본국으로 돌아간다면, 정치적 보복이나 죽음을 당할 수 있다. 게다가, 많은 가족이 온전히 미국에 도착하지 않았다. 일반적으로 모든 가족이 한꺼번에 이주할 수 있는 것은 아니며 몇몇은 이곳에 도착하지 않기 때문에, 가족들은 종종 분열된다.

이 장에서 논의된 엘살바도르 공화국과 과테말라 인구는 네 개의 민족문화 집단으로 구성되어 있다. 여기에는 (1) 토착 인디언, (2) 흑인과 혼혈 흑인/인도인, (3) 유럽계, 특히 스페인계 그리고 (4) 인도인과 유럽의 조상을 겸비한 메스티소(Mestizos)와 라디노(Ladinos)가 포함된다. 거의 모든 중미 사람들은 로마 가톨릭 신자들이며 거의 모든 사람들이 스페인 문화의 영향을 받았다. 그들은 스페인어, 인도어 방언 또는 크리올어(Creole)의 변형을 사용한다(Penalosa, 1986).

이러한 난민은 거의 모두 폭력을 통해 가족이나 친구를 잃은 경험을 했고, 그들 자신도 고문을 당한 경험이 많다. 많은 사람이 '범죄자'(Aron, 1986)로 분류되어 사형에 처해졌다. 엘살바도르와 과테말라에서 도망친 난민은 모두 정치적이고 경제적인 복합적 이유로 그렇게 하였다. Williams와 Westermeyer(1986)에 따르면 중미 난민에게 가장 흔히 진단되는 심리적 문제는 외상 후 스트레스 장애, 주요 기분 장애, 심신 장애 등이다.

이 논의의 대상인 모집단은 엘살바도르와 과테말라에서 온 사람들을 위해 제공하는 피난처인 Casa Rutilio Grande에서 선정되었다. 그곳은 새로운 문화에 적응하면서 그들의 이주와 재정착 경험을 통합하려는 새로 도착한 난민에게 임시 피난처를 제공한다. 그들은 더 안정적인 생활환경을 구축할 수 있을 때까지 머물 수 있다. Casa Rutilio Grande에 사는 사람들은 모두 정치적 망명을 신청했다.

임상 작업이 시작되었을 때, 치료 개입은 가족이 피난, 이주, 재정착에 대한 환경을 함께 재경험함으로써 치료적 수단으로 제공되기를 바랐다. 미술치료를 이용하는 이유는 가족에게 경험된 다발성 외상(multiple traumas)에 대한 표현 및 방지를 위한 안전한 장소를 제공하기 때문이었다. 미술 과정은 슬픔과 애도를 용이하게 하고, 개인과 가족의 강점을 활용하고, 그들의 과거 경험을 지금의 현실과의 통합으로 시작한다는 생각이었다. 더불어, 이 미술 작품이 역사적 가치의 문서를 만들어 세계적인 맥락에서 인권침해를 입증하고 가족에게 힘을 실어 주기를 바랐다.

오리엔테이션

복합가족 미술치료 회기가 시작되기 전, 오리엔테이션 모임이 있었다. 우리가 그 제안을 피난처에 살고 일하는 사람들에게 제시하기 전에, 모든 사람과 비공식적으로 만나 저녁식사를 했다. 우리는 스페인어를 구사하는 통역사의 도움을 받아 우리의 아이디어를 소개했다. 우리는 이야기하면서 침묵에 부딪혔고, 이후에 서서히 질문이 시작되었다. 그들은 왜 우리가 그들을 돕고 싶었는지 물었다. 그림을 그리는 것이 어떻게 도움이 될 수 있는지, 우리가 이 문제를 그냥 내버려 두는 것이 더 나은 게 아닌지, 사람들이 호기심, 불신, 의문을 가진 눈으로 우리 미국인의 얼굴을 들여다보았을 때 치료실 안에는 긴장감이 감돌았다.

우리는 통역사를 통해 자신의 고통스러운 경험에 대해 이야기하는 것이 매우 어려울 수 있지만, 이러한 경험을 그리는 작업을 통해 자신을 표현하는 것은 고통을 해소하고 다른 사람과 공유할 수 있는 기회를 제공할 수 있다고 설명하였다. 사람들이 고통을 자기 안에 간직할 때 그들은 훨씬 더 아플 수 있으며, 경험을 공유하면서 고통을 덜어 주고 서로를 지지할 수 있다고 설명하였다. 우리는 회기 동안 함께 배운 것이 다른 난민들의 회복과 이 문화의 진입에 도움이 될 것이라고 덧붙였다.

이번 일차 회의의 기본 목적은 우리의 제안을 그들에게 제시하고 자발적인 참여를 얻는 것이었다. 우리는 난민과 합류하려고 시도했지만, 그들은 저항했다.

그 저항을 해결하기 위해 다음 주에 또 회의가 열렸다. 이번 회의에는 저자 중 한 명인 난민의 거주지 정책을 집행하는 중미 위원회 위원들과 미술치료 회기의 촉진자 역할을 할 스페인어를 사용하는 미술치료사가 참석했다. 위원들은 중미 난민의 개인적인 경험을 공유하고 돕겠다며 그들과 약속한 치료사들을 의심했다. 위원회 위원들은 그들의 개인적인 경험을 말하고 그들의 나라에서 자행된 잔학 행위들 중 일부를 사진으로 보여 주었다. 전해지는 이야기는 감정을 자극했고, 모든 것은 난민이 그들의 감정을 표현하고 지원을 찾을 수 있도록 안전하고 존중되는 환경을 제공하기 위해서라는 이유로 그곳에 있었다는 것이 명백해졌다. 신뢰 문제는 그들 각자의 나라에 있었던 두려움과 불신의 풍토에서 나왔기 때문에 강조될 필요가 있었다. 이 회의가 끝날 무렵, 상호 존중의 시작이 보이는 것 같았으며 위원회는 프로젝트 착수에 승인하였다.

집단 구성

이 집단은 매주 자원봉사를 통해 모였고, 미술치료 지시는 중미 배경을 가진 이중언어의 미술치료사가 제시하였다. 우리는 둘 다 참석하였고, 이중언어를 구사하는 미술치료사가 참석자 모두를 위해 통역했다. 집단 크기는 다양했지만, 보통 매회 12명에서 15명이 참석하였다.

두 가족만이 온전한 구성원으로 참여했다. Estrada 가족은 어머니 Maria-Inez와 아버지, 8세에서 16세에 이르는 4명의 아들 Darwin, Daniel, Alberto 그리고 Juanito가 있으며, 남성 사촌 Alejandro로 구성되어 있었다. 로스앤젤레스의 다른 곳에서 살고 일했던 아버지를 제외한 모든 사람이 회기에 참가했다. Chavarras 가족은 아버지 Esteban, 어머니 Anna, 두 아들 9세 Gustavo, 7세

René 그리고 딸 3세 Estrelita로 구성된 재혼 가족이었다. 엘살바도르 출신의 이 두 가족과 함께 엘살바도르 출신의 몇몇 젊은이와 과테말라 출신의 두 명이 있었다. 일터와 거처를 마련하기 위해 가족 한 명이 다른 가족들보다 먼저 미국에 오는 것이 일반적이다.

1회기: 피난

목표

자신의 감정을 언어화하고 오래 살던 곳을 떠난 경험을 이야기하는 난민들에게 안전한 환경 구축하기

미술 지시

각자 집, 나무, 그리고 어떤 것을 하고 있는 사람을 그려 보세요.

각자 당신의 출신 국가에서 가족과 무언가 함께하고 있는 모습을 그려 보세요.

이 첫 번째 회기는 미술치료 과정을 소개하고 집단 과정의 시작을 촉진했다. 단지 일부의 그림과 이야기만이 논의될 것이다.

우리가 첫 번째 회기에서 Chavarra 부부를 만났을 때, 그들은 2주 전에 있었던 그들의 결혼을 축하하고 있었다. 그들은 4년 전에 온두라스의 한 난민 수용소에서 만났는데, 그곳에서 Esteban은 엘살바도르에 있는 그의 마을에서 정부군에 매복 공격을 당한 후 도망쳤다. 군인들은 게릴라 활동의 증거를 찾기 위해 종종 마을에 오곤 하였고 마을 사람들은 정찰병이 군인들이 떠났다는 것을 알려 줄 때까지 은신처에서 버티기 위해 특별히 준비된 식량을 가지

고 도망치곤 했다.

　그러던 어느 날, 돌아온 마을 사람들은 기습적인 매복 공격을 받았고 대학살이 일어났다(국제 사면 위원회 Charley Clements 박사에 의해 문서화됨). 돌아온 마을 사람 중 한 명인 Esteban은 호수에 뛰어들어 덤불 뒤에 숨어 탈출했다. 그는 코와 눈만 물 위에 올려놓고 마을이 불타고 주민들이 학살되는 모습을 지켜보았다. 네 명의 아이가 살해되고 군인들이 아내를 강간한 후 총으로 쏴 죽이는 것을 지켜보았다. 병사들이 어린 소년에게 호수 반대편으로 헤엄쳐 가서 죽은 시체들을 물에 버리라고 명령하는 것을 지켜보았다. 소년이 수영을 할 수 없다고 하자, 군인들은 그를 물속에 던져 넣고 익사하는 것을 지켜보았다.

[그림 6-1] René의 가족 그림

병사들이 떠난 후, Esteban은 탈출하여 난민 수용소로 피신하였고, 그곳에서 비슷한 상황의, 남편을 잃은 Anna를 만났다. 그들은 함께 한 가정을 재건하고 미국으로 이주하여 Casa Rutilio Grande에 안식처를 찾았다. 우리는 그들이 이 나라에 도착한 지 3개월 만에 그들과 함께 미술치료를 할 수 있었다. 우리의 복합가족 회기 진행 동안 이 가족의 미술 작품은 가족, 고향 그리고 고국에서 피난동안 경험한 외상을 묘사한다.

[그림 6-1]은 Chavarra 가족 중 7세 René의 그림을 보여 준다. 그림은 두 대의 헬리콥터가 그의 집 위를 날고 있는 것을 보여 준다. 헬리콥터 한 대가 격추되고 있고 지상에 죽은 사람이 있다. 세 그루의 나무 중 한 그루가 쓰러졌는데 생명력이 꺼져 간다는 상징이다. 헬리콥터와 동물에 검은색을 사용하는 것은 죽음과 파멸을 의미할 수도 있다. 코카콜라 기계는 엘살바도르에 미국 기업이 개입했음을 상기시킨다. 외로운 형상이 그 장면에서 눈길을 돌리며 전경을 보는 사람과 마주하고 있다. René는 자신의 그림에 대해 "여기 헬리콥터가 있어요. 여기 죽은 사람이 있어요. 여기 쓰러진 나무가 있어요."라며 매우 직접적으로 말했다. 피난 환경이 그에게 외상을 주었음은 의심할 여지가 없다. 미술 과정은 그에게 이러한 외상 표현에 의미 있는 그림이었다.

Esteban의 가족 그림([그림 6-2])은 네 명의 아이와 부인이 식탁에 앉아 식사를 하고 있고 구석에 서 있는 자신을 그렸기 때문에 특히 흥미롭다. Esteban은 온두라스의 난민촌에서 마을로 돌아와 그가 도망칠 때 남겨 두었던 식탁을 찾았다고 설명하였다. 가족을 위해 식탁을 배치하였고, 그것을 되찾은 것은 그에게 중요했다. 아마도 그것은 예전의 삶에서 새로운 삶으로 옮겨 감으로써 그의 중간 대상(transitional object)의 역할을 하였을 것이다. 테두리

는 이러한 기억으로 야기된 불안을 상징적으로 억누르면서 가족
을 둘러싸게 그린 것이다. Esteban은 온두라스의 지도를 표상하는
테두리라고 설명했다. 그는 가족을 돌아보며 테두리 밖에 자신을
그렸다. 그의 새 아내 Anna와 함께 있는 현재 가족에는 단지 세 명

[그림 6-2] Esteban의 가족 그림

[그림 6-3] Juanito의 지면 없는 집과 사람

의 아이만 있다는 것은 흥미롭게 주목된다. 대신에 그는 엘살바도르 대학살에서 잃은 그의 가족을 그릴 수 있었을까?

[그림 6-3]은 Estrada 가족의 막내인 8세 Juanito가 그렸다. 그는 집과 사람을 그렸으나 나무는 그리지 않았다. 집과 사람이 우주에 떠 있는 것 같다. 기저선이나 지평선은 없다. 이러한 결핍은 그의 외상 경험에 대한 퇴행의 징조인 발달적 미성숙함을 나타낸다. 집과 사람은 고립된 것 같고 전체적으로 공허한 느낌이 든다. 눈을 부릅뜨고 위를 비추고 있는 입이 없는 태양은, 아마도 외상을 표현해 내지 못하는 무능함의 지표일 것이다. 열려 있는 것 같은 문은 정서적 접근을 나타내는 건강함의 신호인데, 이는 그 회기에서 Juanito의 따뜻한 대인관계 태도로 입증되었다.

Juanito의 가족 그림인 [그림 6-4]에서 우리는 아마도 이러한 일들에 대해 말하는 것이 허용되지 않는다는 것을 지적하는 무표정하고 입 없는 태양을 다시 본다. 상처 입은 듯 빨간색으로 색칠된 인간 형상은 경험의 상처를 표상했을지도 모른다. 그림의 맨 오른쪽에는 몸이 없이 거꾸로 떠 있는 머리가 있다. 이 이미지는 실제 난민들이 보고한 처형 방법인 목이 잘린 머리의 관찰을 표상했을

[그림 6-4] Juanito의 가족 그림

수 있다. 피난 경험의 시각적 표현으로 가장 적은 방어를 보이는 가장 어린 가족 구성원의 그림이 흥미롭게 주목된다.

이 첫 번째 회기 동안 대부분의 집단 구성원은 언어적으로 참여했고 집단과 함께 그들의 그림을 공유했다. 그 과정은 우리 모두에게 매우 감동적이었다. 회기에 이어서 우리는 스페인어를 사용하는 미술치료사를 만나 우리가 말한 모든 것을 이해했는지 확인하면서 그림을 검토했다.

2회기: 이주

목표

각 개인에게 미국 여정에 대한 이야기를 시각적 및 언어적으로 말할 수 있는 경험의 기회 제공하기

미술 지시

협동화: 당신의 출신 국가에서 미국으로 오는 여정에서 무슨 일이 일어났는지를 보여 주는 벽화를 함께 그려 주세요.

두 번째 회기에서 사람들은 두꺼운 방습지로 길게 덮인 테이블 주위에 모였다. 그들에게 미국 여정 경험을 그리도록 하였다.

[그림 6-5]는 전쟁 무기를 묘사한 René의 벽화 장면이다. 총알을 쏘며 머리 위를 날고 있는 검은 헬리콥터들, 한 인물상은 기관총을 들고 아래에 두 인물상이 서 있다. 우울증을 암시할 수도 있는 검은 집이 그려져 있고, 출혈을 암시하는 방법으로 물 색깔을 칠한 나무가 거의 없는 산 속에 한 그루 나무가 그려져 있다. 웃는 태양은 언

[그림 6-5] René의 전쟁 무기

제나 존재하는 희망, 어쩌면 부인의 상징인 그 광경을 비춘다.

[그림 6-6]은 엘살바도르에서 과테말라를 거쳐 멕시코로 가는 길에 강을 건너는 Estrada 두 형제의 이야기를 보여 준다. 그들의 미술은 그림에 친근감을 드러내면서, 더욱 정교하다. 그들은 과테말라 강변에 정글 숲의 나무를 그렸다. 나무는 아마도 두려움이나 불안을 나타내는 짙은 녹색 선으로 그려져 있다. 총을 든 군인이 한 사람에게 돈을 요구하고 있다. 회색으로 그려진 다른 한 사람은 땅바닥에 누워 있다. 쓰러진 형상은 군인의 손에 죽은 것을 암시하는 것 같다. 한편, 뗏목에 몇몇 형상은 수영하는 사람들의 호위를 받으며 강을 건너고 있다. 우선 강 건너편 멕시코에, 나무 속으로 걸어 들어가는 것으로 보이는 두 형상은, 상당히 덜 불안한 형태로 그려져 있다. 이것은 한때 멕시코에서의 안전감으로 지적될 수 있다.

[그림 6-6] 두 형제의 이주 여정

3년간 미국에 있었고, Casa Rutilio Grande에서 6개월간 근무한 직원인 Paco는, 자국에서 입국하는 사람들을 돕는 데 헌신적이다. 그는 단지 몇 회기에만 참가했다. [그림 6-7]에서 그는 학생인 자신을 군대가 어떻게 체포했는지를 보여 줌으로써 그의 여정을 묘사했다. 그는 학생들을 반역자로 여겼다고 설명하였다. Paco는 체포되어 엘살바도르의 Mariona 교도소에 수감되었다. 전기충격 고문 경험은 그가 말하기에는 아직도 너무 끔찍하였다. 그는 자신보다 운이 좋지 않은 많은 죽은 죄수들이 묻혀 있는 감옥 밖에 묘지를 그렸다.

우리는 Paco가 어떻게 이 감옥을 탈출했는지 모른다. 그는 멕시코와 미국 국경의 가시철조망 울타리와 총기를 운반하는 이민국 국경순찰대원을 그렸다. Paco는 "만약 내가 죽는다면, 라틴 땅에서 그러고 싶다."고 선언한 것은 그의 여정에서의 바로 이 시점이라고 보고했다. 그가 로스엔젤래스에 처음 도착해서 Casa Grande

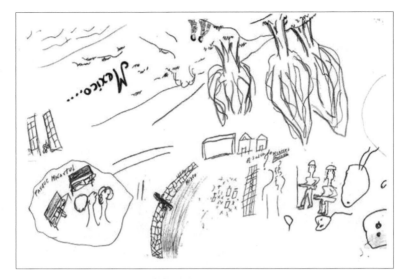

[그림 6-7] Paco의 Mariona 교도소 탈출

에 올 때까지 도심 공원에서 밤잠을 잤다고 그렇게 시작하면서 자신의 이야기를 계속하였다.

Paco 이야기는 듣기에 고통스러웠다. 그는 그 집단의 대부분의 사람보다 훨씬 더 오래 미국에 있었고 덜 부인하려는 것으로 나타났다. 상실감, 비애 그리고 분노를 더 쉽게 접근하는 것 같았다. 분명히, 피난 환경은 그의 여정과 현재 재정착이 통합되어 있다.

그들의 개별 여정에 대한 난민의 이야기는 매우 강력했고 집단의 응집력을 더하는 것 같았다. 각각의 이야기는 달랐지만, 한 장의 화지에 그들의 경험에 대한 그림은 피난과 이주에서 연결성과 공동 유대감을 암시하였다. 그 회기는 참석자 모두에게 매우 감동적이었다.

3회기: 재정착

목표

각자 미국 생활에 대한 자신의 감정을 표현할 수 있는 기회의 경험 제공하기

미술 지시

따로 그리기: 이 나라에서 가족이 무언가 함께 하고 있는 그림을 그려 보세요.

콜라주: 미국에서의 당신의 삶에 대한 감정을 묘사하는 사진 몇 장을 선택하세요. 그것들을 오려서 화지에 붙이세요.

세 번째 복합가족 회기에서는 재정착 경험의 평가를 목적으로 집단에게 두 가지 지시가 주어졌다. 첫 번째 지시는 개별적으로 이 나라에서 가족과 함께 무언가를 하는 것을 그리는 것이었다. 펠트펜 재료만 제공되었다. 주요 이미지들은 교회, Casa Grande, 도시의 거리와 고속도로, Casa Grande 승합차 그리고 남을 돕고 일을 찾는 장면에 관한 것이었다. 출입국 관리들에게 체포될 두려움과 결부되어 일에 대한 필요성이 성인의 그림에 만연했다. 각 어른마다 취업난을 토로하면서 침울하고 우울한 분위기였다. 일부는 일을 찾아 동이 트기 전에 집을 나가서 일감 부족으로 낙담하여, 날이 저물어 돌아온다고 보고하였다. 일을 찾은 사람은 법정 최저 임금에 훨씬 못 미치는 임금을 받았다.

중미에서 이곳에 도착한 사람에게 일차적 요구가 일자리임을 보여 주는 미술 작품은 Penalosa(1986)의 연구를 뒷받침한다.

[그림 6-8] Casa Grande에서의 삶

14개 그림 중 10개 그림의 단색은 우울증을 나타낼 수 있다. 이 10개 중 4개 그림은 희망의 지표로 나타내는 노란색(태양, 달, 전조등)의 디테일이 하나 이상이다. 이 중 두 대의 헬리콥터가 나타나 있고, René의 그림 중 하나인 [그림 6-8]에서, 헬리콥터는 Casa Grande 밖 외곽을 향해 기관총을 들고 있는 형상을 쏘고 있다. 여러 사람이 집 안 식탁에 앉아 있고, 입구에 두 사람의 형상이 서 있다. 그 집의 윤곽은 사람들에게 안전한 봉쇄를 대비하는 것 같다. 입구 밖에, 검은 옷을 입은 또 다른 형상은 기관총을 들고 있다. 하지만 그 이미지는 낙서로 지워져 있었다.

사격 헬기의 반복적인 주제는 아이들의 그림에서 많이 볼 수 있으며, 본국에서 경험해 온 전쟁의 흔한 외상을 상징하고 있는 것 같다. 아이들 또한 로스앤젤레스 상공에 있는 헬리콥터에 대해 알고 있다. 저녁마다 Casa Grande 상공에서 헬리콥터가 나는 소리

[그림 6-9] 일을 찾는 사람들

를 들을 수 있다. René의 사격 헬기의 검은 이미지는 과거의 위협
일 뿐만 아니라 현재의 위협까지도 표상한다. 과거 외상과 연관된
사고와 감정에 대한 침습의 한 사례인 이것은, 외상 후 스트레스
장애(post-traumatic stress disorder)의 진단 증상 중 하나인 것이다.

5개의 그림은 [그림 6-9]에 Maria-Inez Estrada의 묘사에서와
같이, 거리에서 일을 찾는 사람을 묘사한다. 이러한 단색 그림은
절망에 대한 반복적인 이미지와 다음과 같은 말로 그려진 것이다.
"Sin trabajo(일 없이)" 그리고 "Tienes permiso(일을 허락받았는가
요?)" "Busco trabajo(일거리를 찾는 중)"에 대하여 반복적인 이미지
를 그려 낸 것이다.

회기에서 주어진 두 번째 지시는 미국 생활에 대한 느낌을 몇몇
잡지 사진을 선택하고, 콜라주를 만드는 것이었다. 그 지시는 우
선 우울한 정서를 이끌어 내는 것 같았지만, 두 번째로는 역효과

를 가져왔다. 사람들은 사진들을 훑어보며 크게 웃으며, '아름다운 여성'에 대해 농담을 하였다. 대부분의 사람들은 형태들을 매우 조심스럽게 잘라 내고 화지에 붙인 후, 그것을 묘사하는 몇 개의 단어를 적었다.

그것은 아름다운 여성, 화려한 집, 자동차 그리고 디즈니랜드에 대한 이미지였다. 각자 미국에 대해 어떤 것을 했거나 또는 싫어했던 것을 말해 주는 것에는 다양한 반응이 있었다. 이전 회기에서 미국에 대한 시각이 상당히 부정적이던 Señora Estrada(온전한 가족의 어머니)는, 체류에 대한 긍정적인 측면에 초점을 맞추는 것으로 보였다. [그림 6-10]에서 그녀의 중심 테마는 한 여성이 "여러 가지 일을 할 준비가 되어 있어요."고 말하며 두 손으로 얼굴을 감싸고 있는 이미지로 나타내었다. 이 얼굴 주위에는 다음과 같은 제목들로, 미국에 대한 많은 긍정적인 사진이 있었다. "여기서 내 딸들이 공부하고 미래에 기회를 가질 수 있다." 그리고 "여기엔 표현의 자유가 있다." 성실한 여자 아래에 커다랗고 하얀 아기의 손이 있었고, "여기에 착한 마음을 가진 사람들이 있다." "그들이 나를 도와준다." 그리고 "아이들이 행복해진다."는 다른 여러 이미지가 있었다. 콜라주에서 손은 모두 미국에서 이러한 여성이 경험한 보살핌과 환대를 표현하려는 것 같았다.

첫 번째 지시는 일자리를 찾는 난민들이 겪은 절망감을 접하게 된 우리에게 도움이 되었다. 두 번째 지시에 대한 그들의 반응은 미국에서 새로운 기회를 찾으려는 희망을 나타냈다. 그 저녁은, 이 나라에서 더 나은 삶에 대한 기대와 잡지 이미지에 대하여 크게 웃으며, 행복한 분위기로 끝나는것 같았다.

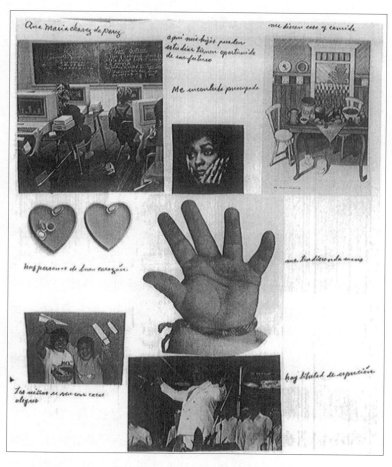

[그림 6-10] 미국에 대한 인상

4회기: 통합

각 개인에게 과거 이주와 현재 재정착을 통합한 미술 경험을 제공하기

그 여정 이전의 가족에서의 자신과 현재 가족에서의 자신을 그리세요.

네 번째 회기는 통합을 위한 기회를 제공하도록 고안되었다. 미술 지시에 반응하기로 Esteban Chavarra는 그의 고국인 엘살바도르를 표상하는 네 개의 이미지를 선택하였다. 그는 재정착 경험을 포함하지 않은, 새 거주지를 받아들이는 데에서 분투를 나타낼 수 있다. [그림 6-11]은 다음 네 가지 이미지를 보여 준다. (1) 말을 타는 두 명의 남자, 그는 그것이 시골에서의 삶을 의미한다고 말하였다. (2) 사막의 한 장면, 엘살바도르에서의 위기를 표상한다고 말하였다. (3) 한 노모와 손녀, 그는 노인에 대한 사랑과 존중을 상징화하였다고 말하였다. (4) 체온계를 입에 물고 땀을 흘리는 갈색 소년, 아픈 사람을 표상한다고 말하였다. 그의 사진을 공유하면서, 전쟁, 굶주림 그리고 질병에 대한 엘살바도르의 위기를 이야기하였다.

그림을 그리기 위해 내려진 지시였지만, 모든 아이는 미국을 표상하는 데 콜라주를 이용하였다. 그들의 조국을 그리는 데는 펠트 펜과 분필을 사용했다. [그림 6-12]에서 René는 자신이 경험했던 문화를 표상하는 아름다운 환경에 있는 백인들의 사진을 선택하였

[그림 6-11] 엘산바도르의 기억들

다. 과거와 현재를 잇는 Casa Grande 승합차와 엘살바도르 장면의
일부로 Casa Grande를 그렸다. 이것은 Casa Grande가 그의 문화
의 축소판인 로스앤젤레스의 큰 문화로 재정착되어, 어떻게 이 나
라 안에서 자신의 나라와 같은 피난처와 안식처가 되었는지를 보여
준다. 그가 그린 사람들은 얼굴이 없지만, 처음으로 태양에 입과 코
를 그렸다. 하늘 높은 곳에 두 문화 간의 가교 같은 세상 이미지를
잘라 배치했다. 이는 하늘에서 헬기 사격을 반복해서 그렸던 바로
그 아이다. 온전한 가족의 일원으로서, 그는 아마도 재정착에 건강
하게 적응할 수 있는 더 나은 기회를 가질 것이다(Garcia, 1988).

3세 여아인 Estrelita는 접착제, 펜, 마스킹 테이프 그리고 콜라주
를 발달에 적합한 방식으로 실험하면서 [그림 6-13]을 만들었다.
그녀의 생각을 묻자, 그녀는 작품을 '폭탄'이라고 불렀다. 그녀와

[그림 6–12] 조국을 등지고 떠나는 것

[그림 6-13] 폭탄

두 어린 소년만 유일하게 폭탄을 언급했다. 어른들은 이에 대한 반응도, 이야기도 하지 않았다. 아이들은 전쟁 트라우마 기억에 더욱 직접적으로 접근한 것 같았다. 어른들은 전쟁 또는 피난 상황을 직접 언급하는 일은 거의 없었다.

지금까지 회기는 이 사람들이 경험했던 많은 외상 표현과 통합을 위해 순차적 기회를 제공하도록 구조화되었다. 1회기는 그들의 조국에서 삶의 기억을 표상하는 상징에 대한 작품을 가능하게 했다. 2회기는 이주의 분투에 대한 표상 그리고 3회기는 미국에서 현재 실제를 표상하는 이미지 작품을 가능하게 하였다.

많은 사람, 특히 아이들은 한 장의 화지에 재정착에 대한 콜라주를 만들고, 다른 한 장에는 그들의 조국에 대한 그림을 그렸다. 그 회기의 어느 시점에서 아이들은 그림 두 개를 마스킹 테이프로 함께 테이핑하기 시작했다. 이 그림들을 연결하는 과정은 이주와 재정착을 상징적으로 통합하는 수단이었다. 우리는 그 과정이 너무나 자연스럽게 일어났던 방식에 감명받았다.

5회기: 강점

목표

피난하기 이전의 개인의 강점과 이주 및 재정착의 결과로써 개인의 강점에 대한 각 개인의 인식 높이기

미술 지시

자신의 강점을 표상하는 상징을 만들고, 끝나면 테이블 가운데에 배치해 주세요.

다섯 번째 회기의 목적은 미국 이주로 성장하게 된 개인의 강점 평가에서 미술을 통해 사람들을 돕는 것이었다. 각 개인은 그들의 내적 자원과 접촉함으로써, 현재의 상황에 이를 활용할 수 있기를 바란다. 컬러점토는 상징 작품에 사용되었다. 집단원은 이러한 새로운 매체를 웃으면서 가지고 놀며 즐기는 것 같았다. 대부분의 사람들은 그들의 강점을 나타내기 위해 한 개 이상의 미술 작품을 만들었다. 그들의 신앙은 물론 고난을 견디며 계속 나아가는 능력은 모두에게 공통적인 강점인 것 같았다. 한 남자는 자신의 강점이 '사랑과 신앙'이라고 말하면서 하트와 십자가를 만들었고, 또 다른 남자는 힘의 원천([그림 6-14])인 '그리스도의 피'를 표상하는 붉은 컵을 만들었다.

각 개인은 강점을 이야기하면서 테이블 중앙에 자신의 상징을 배치했다. 공유하기와 토론은 이러한 강점을 강화하고 자존감을 높이는 것 같았다.

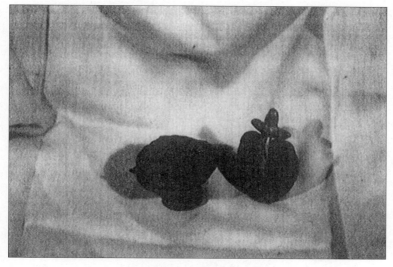

[그림 6-14] 그리스도의 피

6회기: 기념하기

목표

피난, 이주 그리고 재정착 경험의 공유로 발전된 유대감과 공동체 의식을 기념하는 의식 제공하기

미술 지시

Casa Grande에서 당신의 공동체의 강점을 축하하는 현수막 함께 그려 주세요.

프로젝트의 마지막 회기는 복합가족 집단 미술치료로 발전된 공동체 의식과 난민의 경험을 함께 기념하기 위해 고안되었다. 대형 현수막을 함께 만들기 위해 천, 염색 물감, 붓 등이 제공되었다.

힘과 행복에 대한 상징, 즉 하트, 깃발, 태양, 나무, 꽃, 별, 새 그리고 달걀 등이 많았다. 많은 사람들은 자신의 이름과 조국 이름뿐만 아니라 사랑과 평화의 단어도 썼다.

나이 많은 구성원이 나이 어린 구성원을 도우며 모두가 열성적으로 참여하였다. 우리도 또한 기념하는 과정을 공유하고 Casa Grande의 사람들과의 연대감을 표현하고자 하는 마음으로 현수막 그림에 동참하였다.

현수막 완성에 이어, 집단은 미술 회기를 평가하고 그 과정에 대한 피드백을 주기 위해 위층 회의실로 자리를 옮겼다. 프로젝트 지원에 대한 공동체의 합의는 압도적이었다.

현수막은 그 과정에서 발전된 잉여 응집력을 함께하는 집단 구성원과 집단에 제공되어 그 주택에 남아 있었다. 그것은 우리의 몰입과 공동체를 함께 기념하는 상징이다.

논의

평가 회의에서 제시된 개별 진술에서, 참가자의 과거 경험과 지금의 현실을 통합하고 이 문화로의 이행에 기여했던, 이전 Casa Grande에서 사용되었던 다른 어떤 치료 형태보다 미술치료 과정은 명백했다. 그들의 방어 기제 때문에 언어치료로는 훨씬 더 오래 걸렸을지도 모르는 고통스러운 과거 사건들과의 접촉을 시각적 이미지가 도왔다. 그들은 이것이 쉽지는 않았지만 필요했다고 말했다. 시각적 이미지는 너무 빨리 방어를 통과하기 때문에 임상학자는 자료를 항상 해석하지 않는 중요성을 인식하는 것이 필수적이다.

돌이켜 보면, 이 복합가족 집단의 6회기 내내 창작된 미술 작품에서 명백했던 반복되는 상징들을 인정하고 토론하는 것은 가치가 있다. 그 형상화들은 종종 소멸에 대한 우려를 나타냈다. 나라를 떠나는 주제를 묘사하듯, 달리는 사람들처럼 희미해지고 사라지는 것 같았던 형상이 빈번했다. 또한 이 이미지들은 암살단에 의해 '사라졌다'는 것에 대한 두려움이거나 또는 도망의 필요성에 대한 두려움을 나타낼 수 있다. 아마도 그 이미지는 기억 속에서 사라져 남겨진 사랑했던 사람들을 암시할 것이다.

또 다른 반복되는 주제는 뿌리째 뽑힌 나무다. Burns(1987)는 "아마도 인간 발달을 묘사한 가장 빈번하고 보편적인 은유는 나무이다."라고 기록한다. 이것을 염두에 두고, 뿌리째 뽑힌 나무의 상징은 이 사람들의 뿌리째 뽑힌 모습을 묘사할지도 모른다. 과일이 가득 달린 나무의 이미지도 많이 있는데, 이것은 음식과 양육에 대한 집착을 상징할 수도 있다.

아이들의 그림에서 가장 두드러진 주제 중 하나는 파괴적인 전쟁 무기—격추되는 헬리콥터, 기관총을 든 남자 그리고 폭탄—를 보여 주고 있다. 이것들은 전쟁 트라우마에 대한 그들의 실제 현실의 침습을 표상한다.

많은 그림에서 발견된 떠 있는 집들은 이 사람들이 현재 집을 가지고 있지 않다는 현실을 상징하는 것 같다. Casa Grande는 그들이 집을 떠난 뒤 머무는 일시적인 피난처에 불과하다. 기저선도 없고, 종종 문이 없는 이러한 떠 있는 집들은, 외국에서 노숙자, 난민들의 불안한 존재를 상징한다. 그들은 어디에도 속하지 않는 사람을 표상한다.

떠 있는 집, 뿌리째 뽑힌 나무 그리고 달리는 사람 모두 피난, 이주 그리고 재정착에 대한 트라우마를 상징한다.

피난, 이주 그리고 재정착을 탐색하는 상징의 창조물은 사람들에게 현실에서 그것들을 통합하고 트라우마를 다루는 기회로 제공되었다. 미술 과정은 전쟁으로 파괴된 그들의 고향에서, 현재 로스앤젤레스에서의 삶의 이행에 도움을 줄 수 있는 교량으로 제공되는 것 같았다.

여러 가지 이유로, 미술 과정은 이러한 가족들에게 난민으로서의 경험을 다룰 수 있는 다른 종류의 기회를 제공하는 것처럼 보인다. 부분적으로, 미술이 세대별 수준이었기 때문에 모든 사람은 자신의 발달단계에 참여할 수 있었다. 아이들은 그 과정이 가장 편하다고 생각하는 것 같았다. 나이 든 사람들은 방어 기제가 더 강해져서, 더욱 방어된 미술작품으로 나타났다.

Casa Grande와 그것이 제공된 미술치료 집단은 본국에서 여러 국경을 넘나들며 이 나라로 향하는 여정 동안, 그리고 미국에서 살아남기 위한 노력을 하는 동안, 많은 트라우마를 겪은 중미 사람들에게 도피처이자 안식처로 제공되었다. McEoin(1985)은 안식처를 유창하게 정의한 David Napier의 에세이를 담았다.

우리는 그것(안식처)이 장소 그 이상이라는 것을 알고 있다. 우리는 안식처가 신체와 육체와 마음과 국가의 정신과 바리오 (barrios), 인간 공동체 및 가족들—중미에서, 특히 지금 우리에게—의 이해할 수 없는 엄청난 상처의 맥락에서, 관련된 행위 또는 심지어 치유의 몸짓의 연속이라고 믿는다.

이 프로젝트는 우리에게 '지울 수 없는 상처'의 맥락에서 '치유의 몸짓'에 불과했다. 짧은 위기 개입 작업은 어떤 깊이에서도 많은 손상을 해결하지 못하였다. Casa Grande에서 작업하는 동안 우리가 만난 남성, 여성, 아이들의 힘과 용기를 존경하고 존중하게 되었다. 미술 과정과 작품을 통해 우리는 이러한 강점을 검증하였고, 이러한 색다른 경험을 통해 자연스러운 반응으로 정상화되었기를 바란다. 우리는 미술의 맥락에서 고통을 억제하고 이러한 감정을 정상화하는 데 노력하였다.

결론

Casa Grande는 최근 입국한 난민들의 계속되는 여정의 정류 지점에 불과하다. 그들 대부분은 다른 지역으로 가기 전에 한 달을 그 집에서 보낸다. 이주에 이어 쉴 공간이자 자신을 추스르는 곳이다. Casa Grande는 도착한 가족과 이산가족들로 공동체를 이룬다. 미술치료는 시각적 이미지를 통해 경험을 공유함으로써, 짧은 체류 동안 이러한 사람들의 유대를 형성할 수 있었다. 유사한 트라우마를 겪은 사람들의 집단 참여는 이러한 경험을 정상화하는 데 도움이 되었다. 그 과정은 종종 서로에게 다가갈 수 있도록 도왔다. 이것은 치유에서 필수적인 단계였다. 우리는 그들이 지역사회 전반에 걸쳐 증언을 할 수 있으나, 서로 과거에 대해 거의 이야기하지 않을 것이라고 들었다. 많은 사람들이 현재의 상황을 다루고 그 여정을 계속하기 위해 심리적으로 자신을 방어하는 것이 필요했다.

이 복합가족 미술치료의 모델은 공동의 트라우마를 경험한 모든 가족 집단에게 이용될 수 있다. 가족은 자연재해, 노숙 그리고 전쟁으로 피난, 이주, 재정착을 경험할 수 있다. 진단되지 않은 모집단을 위한 복합가족 미술치료는 이후의 심리적 문제를 대처 및 방지하는 위기 개입에 효과적으로 사용될 수 있다.

📖 참고문헌

Acosta, A., & Domino, G. (1987). The relation of acculturation and values in Mexican-Americans. *Hispanic Journal of Behavioral Sciences, 9*(2).

Albert, M., Cagan, L., Chomsky, N., Hahnel, R., King, M., Sargent, L., & Sklar, H. (1986). *Liberating Theory.* Boston: South End Press.

Amaro, H. (1988). Women in the Mexican-American community: Religion, culture and the reproductive attitudes and experiences. *Journal of Community Psychology, 16*(1), 7-21.

Argueta, M. (1983). *One Day of Life.* New York: Vintage.

Aron, A. (1986). *Psychological problems of Salvadoran refugees in California.* Paper presented at the American Psychological Association, Washington, DC.

Bettelheim, B. (1980). *Surviving.* New York: Vintage.

Burns, R. (1982). *Self-growth in Families: Kinetic Family Drawings, Research and Application.* New York: Brunner/Mazel.

Burns, R. (1987). *Kinetic House-Tree-Person Drawings: An Interpretative Manual.* New York: Brunner/Mazel.

Cervantes, R., Salgado, S., Nelly, V., & Padilla, A. (1988). *Post-Traumatic Stress Disorder Among Immigrants from Central America and Mexico.* Spanish Speaking Mental Health Research Center, Occasional Paper No.

Chomsky, N. (1988). *The Culture of Terrorism.* Boston: South End Press.

Cienfuegos, A., & Monelli, C. (1983). The testimony of political repression as a therapeutic instrument. *American Journal of Orthopsychiatry, 53*(1), 43-51.

Dilling, Y., & Rogers, I. (1984). *In Search of Meaning.* Scottdale, PA: Herald Press.

Frelick, B. (1988, Nov.). An open door for some. *Sojourners*, 8-9.

Garcia, S. (1988). *Families who have suffered trauma due to migration* (Cassette Recording No. 4). Child Abuse Association.

Golub, D. (1981). Symbolic expression in post-traumatic stress disorder. *Arts in Psychotherapy, 8.*

Grossman, F. (1981). Creativity as a means of coping with anxiety. *Arts in Psychotherapy, 8,* 185–192.

Kinzie, J., & Fleck, J. (1987). Psychotherapy with severely traumatized refugees. *American Journal of Psychotherapy, 41,* 83–94.

Lofgren, D. (1981). Art therapy and cultural differences. *American Journal of Art Therapy, 21,* 25–30.

Manz, B. (1985). *Refugees of a Hidden War.* New York: State University of New York Press.

McEoin, G. (1985). *Sanctuary.* San Francisco: Harper & Row.

McGoldrick, M., Pearce, J., & Giordana, J. (1982). *Ethnicity and Family Therapy.* New York: Guilford Press.

Penalosa, F. (1986). *Central Americans in Los Angeles: Background, Language, Education.* Spanish Speaking Mental Health Research Center, Occasional Paper No. 21.

Randall, M. (1985). *Women Brave in the Face of Danger.* New York: The Crossing Press.

Rubenstein, R. (1975). *The Cunning of History.* New York: Harper & Row.

Trejo, A. (Ed.). (1980). *The Chicanos, as We See Ourselves.* Tucson: University of Arizona Press.

Williams, C, & Westermeyer, J. (Eds.). (1986). *Refugee Mental Health in Resettlement Countries.* Washington, DC: Hemisphere.

제7장 가족 체계와 창조 과정: 두 번째 보기

가족 체계와 창조 과정: 두 번째 보기

Debra Linesch

　이 책의 주요 개념에 대해 제2장에서 제6장까지는 임상적 삽화로 제공하였다. 심리요법을 따르는 미술 과정은 심각한 정신적 장애를 겪고 있는 가족의 욕구를 독특하고 효과적으로 충족할 수 있다.

　사례의 예에 묘사된 장면이 그 자체로 미술 과정과 가족 변화 간의 관계성에 대한 이해를 가장 풍부하게 제공하였지만, 나는 다양한 사례 간의 일관성을 확인하고 분석하기 위해 세 가지 질문 틀을 개발하였다. 이 개념적 틀은 세 가지 주요 아이디어가 나타나도록 가족 미술 경험을 단순화하는 데 기여하였다. (1) 미술 과정이 구성원의 정서적인 자기표현을 촉진시켰다는 것, (2) 미술 과정이 가족 구성원 간의 진정한 의사소통을 권유했다는 것 그리고 (3) 미술 과정이 가족 체계 내 그들의 역할을 인정하고, 책임지고, 희망적으로 수정할 수 있도록 가족 구성원에게 권한을 부여하는 데 도움이 되었다는 것 등이다. 다음은 서술된 개념을 간단히 요약한 것이다.

이완과 완화

복잡하고 혼란스러운 가족 체계로 곤경에 빠져 있는 개인에게 미술치료 과정에 참여하도록 권유할 때, 그에 따른 자기표현은 체계 변화의 복잡한 과정에서 사전적이고 필요한 단계로 제공되어, 억압을 이완하는 데 도움을 주었다.

제2장에서 임상 자료는 가족 위기의 근본적인 역동을 빠르게 드러낼 수 있었던 미술 과정의 방법을 예시하였다. 행동 양식과 의사소통 유형은 가족이 공동으로 체계적 은유를 창조함으로써 표면화할 수 있었다. 위기 동안 가족 구성원이 상호작용했던 방식을 나타내는 이러한 도표는 고통스런 체계에 대안적인 의사소통 형태를 제공하였다. 정신내적 그리고 정신내적 과정 모두 그림으로 표상될 수 있었다. 미술을 통해 가족 구성원은 위기의 원인과 증상 모두를 발견했던 경험을 이완하고, 완화하고, 재현하는 방법을 찾았다.

제3장에서는 미술 과정에 관여함으로써 한 부모의 정서적 부담 및 소진이 어떻게 완화되었는지를 입증하였다. 이 어머니들은 이러한 작품이 잠재적 의미로 이해된 맥락에서 내적 경험의 상징을 창조하는 기회로 제공받았을 때, 어떤 확신을 느꼈다. 미술 과정은 한부모 가족의 모든 구성원에게 자기표현을 위한 기회를 제공했으며, 어머니들에게 그들의 가족을 관찰하고 이해하는 것으로부터 새로운 이점들을 제공하였다. 창의적인 프로젝트에 참여하게 되는 이러한 가족은 억압을 이완하기 위한 안전밸브를 찾는 것에 비유할 수 있다. 그 결과, 차후의 침착함과 안도감은 심리요법으로 달성하려는 가족에게 필요한 조건을 충족시켰다.

제4장에서 미술 과정은 알코올 남용의 가족 상호 간 역동에서

자주 관찰되었던 무의식적 요소를 이끌어 내는 효과성 측면에서 탐색되었다. 전체 가족 체계와 개별 구성원으로 제작된 미술 작품은 알코올 중독 표현에 대한 실질적인 기회를 제공하였다. 일시적으로 알코올 남용에 대한 정신내적 그리고 정신내적 경험에 대한 표상은 습관적이고 장황한 행동 패턴으로부터 확실히 내담자를 자유롭게 하였다. 또한 미술의 은유로 지금 적용할 수 있는 증상적인 상호작용이 전체 가족의 심리학적 이득을 위한 새로운 출발점을 제공하였다.

제5장에서는 근친상간 성 학대를 인정하거나 또는 '느끼는 것'에 대항하여 체계적으로 입증된 부인을 꿰뚫는 데 수행되는 미술 과정의 중요한 역할을 묘사하였다. 또다시, 미술 작품은 가족 체계가 비밀로 '결정'했던 요소들의 표현에 은유적인 기회를 제공하였다. 미술적으로 창조된 상징은 근친상간 가족 체계를 마비시키는 고통, 분노 그리고 두려움의 기표가 되었다. 표현을 위한 이러한 상징적 통로를 제공함으로써, 약간의 완화와 시스템적 개입에 대한 평가 결과의 증가(확대)를 경험할 수 있었다.

제6장에서 저자들은 미술 과정이 전쟁, 빈곤 그리고 이주에 의해 트라우마를 겪은 가족에게 그들의 개인사를 표현하고 이용하게 하는 방법에 대해 토론하였다. 많은 사례에서, 이러한 개인사는 비인간적인 역경과 이해할 수 없는 고통으로 특징 지어졌다. 그동안 인내하고 살아남은 개인 및 가족은 견딜 수 없고 말할 수 없는 경험의 수용기가 되었다. 미술 과정은 안도의 기회(언어적으로 차단된 요소의 대체 경로)를 제공하였다.

비록 다섯 개 장에서 논의된 모집단은 다양하지만, 그들의 공통적인 연관성은 가족 체계의 붕괴이다. 미술 과정은 가족 체계 내의 개인에 의해 유지되고 부인되었던 종종 끔찍한 내적 경험을 표현하기 위한 기회로 첫 번째 치유 단계를 제공하였다.

표현과 대화

미술 과정은 이러한 붕괴된 가족의 구성원을 위한 두 번째 치유 단계를 제공하였다. 임상 자료 전반에 걸쳐, 미술이 가족 간 대화를 촉진하는 데서 그 방식을 관찰하는 것이 가능하다. 의사소통은 자기표현에서 성장하였고 가족 구성원은 경직된 체계적 한계에서 자유로운 방식으로 경험, 감정 그리고 희망을 공유할 수 있었다.

제2장에서 임상 자료는 미술 과정이 심각한 위기를 겪고 있는 가족 구성원 간의 충격적 외상이었던 대화를 어떻게 강화시켰는지를 설명하였다. 예시 전반에 걸쳐, 모든 가족 구성원은 개별적으로 고립되고 거리를 두는 위기 경험을 하였다. 그들은 자기표현을 촉진하는 미술의 힘을 사용할 수 있는 반면, 동시에 다른 가족 구성원과 새로운 대화적 관계를 맺을 수 있었다. 고통받는 가족 체계의 은유적 표상은 서로의 말과 경험을 듣는 가족 구성원을 도왔다. 이렇게 해서 그들의 고립이 줄었고, 개인은 개족 구성원을 위기 해결의 전체 체계 과정에서 분투하지만 공감하는 동료로서 경험할 수 있었다.

제3장에서는 구체적인 상징 과정이 한 부모 되기의 역동에서 긴장되었던 가족 간의 의사소통을 어떻게 증대시켰는지를 입증하는 유용한 사례로 제시되었다. 미술 경험은 싱글맘와 자녀 모두에게 들을 수 있고, 듣게 하고, 그러고 나서 서로에게 반응하는 기회를 제공하였다. 과부하되고 소진되고 고갈된 싱글맘은 창조적인 표현에 은유적 잠재성을 이용하였는데, 여기에는 자녀에게 더욱더

감정적으로 다가가기, 그리고 동시에 제한 설정 노력을 강화하기라는 두 가지 중요한 방법이 있다. 흔들리는 한부모 가족체계에 도움이 될 수 있도록 상호 간을 강화하는 대화는 어머니와 자녀가 창조한 이미지의 즉시성에 촉진되었다.

제4장에서는 알코올 중독자 가족을 논의하였으며 미술 과정이 서로 진정성 있게 대화하려는 가족 구성원의 흔들리는 노력을 지지하고 특징적인 부인(denial)을 극복하는 데 유용한 도구로써 입증되었다. 알코올 중독자 가족 체계에서는 다년간 서로 합의된 부인이 체계 개입을 지나치게 어렵게 만들 수 있다. 미술치료에서 체계적 부인을 지지하는 불필요한 언어 유형이 발달된 가족은 미술 과정을 통해 진정한 대화에 접근하고 이를 경험할 수 있다. 회화적인 상호교류는 새로운 방식으로 서로에게 새로운 것을 말하고 들을 수 있는 기회를 제공함으로써, 가족이 본래 의사소통 방식에서 벗어나 전환하는 것을 가능하게 한다. 이 장에 제시된 사례 예에서 어머니와 아들은 예상한 대로 분리와 독립 문제에 초점을 맞춘 은유적 대화를 만들며, 함께 그리기 경험에서 엄청난 이득을 보았다.

제5장에서는 세대 간 상호작용을 증대하기 위해 근친상간 성 학대 피해를 경험한 가족을 돕는 미술 과정에 활용되는 개입 모형을 서술하였다. 일단 가족은 미술 과정의 자기표현의 가능성에 안도감을 경험하여, 점차 의미 있는 대화로 관여할 수 있었다. 이 장은 성 학대 받은 소녀들의 그림에서 나타난 강력한 이미지에 의해 세대 간 공감대를 촉진하였던 방식을 명확히 밝혔다. 아이들이 그들의 고통과 두려움을 삽화로 문서화하는 것에 폐쇄적으로 움직이자, 어머니는 자녀의 정서적인 삶에 관여하였다.

제6장에서 최근 이주한 중미 난민에게 사용했던 미술 과정은, 개인사를 공유하였지만 구성원의 부인에 대하여 진정한 의사소통

을 촉진하는 측면으로 논의되었다. 이러한 진정한 미술적 의사소통은 비극적 배경을 공유한 개인 사이에 대화의 토대를 만들었다. 이 대화는 이 장의 저자들이 '치유의 몸짓'이라고 묘사한 것을 뒷받침하는 데 필요했다.

다섯 개 장 모두에서, 미술 경험은 가족 구성원 간의 의사소통으로 그들의 내적 경험을 공유하고 향상된 자기표현력을 이용하기 위해 개인에게 수단으로 제공되었다.

변화를 위한 기회

미술 과정은 체계적 변화를 도출하기 위한 구성원의 자기표현 증가와 대화 확대에 대한 가족 체계의 활용을 지원하는 데 효과적이었다.

제2장은 미술 지시를 통해 가족 구성원에게 심각한 위기로 약화된 그들의 역할을 강화하고 권한을 부여하는 치료사의 노력을 돕는 방법을 논의하였다. 두 가족의 논의에서, 미술 과정이 가족 내 구조 변환에 대한 협상을 촉진시켰다. 첫 번째 가족의 어머니는 부모 주장으로 새로운 방법을 시험하는 데 미술을 사용하였고, 두 번째 가족은 딸의 미술 작품에 대한 아버지의 경험이 딸의 부모화된 역할을 완화하도록 아버지에게 역할을 권한 부여했다. 가족 위기로 인하여 경직되었던 역할이 미술 과정에서 형성된 대화에 의해 탐색, 평가 그리고 변화에 의해 개방되었다.

제3장은 한부모 가정에서 세대 간 경계를 확립하고 적절한 역할 권한을 부여하는 데 있어서 미술 과정의 효과성이 분명히 입증된 임상 자료에 대해서 논의하였다. 아이가 미술 과정에서 발달적

욕구를 매우 명확하게 의사소통할 수 있게 되면서, 어머니는 점점 더 명료하게 자녀들을 경험할 수 있었다. 동시에, 한부모 가족에서 빈번하게 발생하는 역할과 경계의 모호성은 미술적으로 드러난 은유에서 관찰할 수 있게 되었다. 이러한 모호성이 명백해짐에 따라, 미술치료사의 구조적 개입은 어머니와 자녀를 돕고 더욱 적절한 방법으로 역할과 경계를 재정의할 수 있도록 돕는 데 성공적이었다.

제4장에서 사례 자료는 알코올 중독의 침습적인 영향으로 왜곡된 가족 역할 수정의 기회를 제공하고 명확하게 하는 강력한 도구로서 미술 과정을 제시하였다. 이 장에서 논의된 임상적 예가 실제로 미술 과정에서 그 방법을 입증하지는 않지만, 그것이 일어날 가능성을 보여 주는, 그들의 습관적인 패턴을 변화시킬 수 있도록 가족 구성원에게 권한 부여하는 것을 도왔다. 또한 더 개방적인 가족 간 의사소통과 더 진정한 자기표현이 결합되어 가족 체계 내에서 행동 변화에 필요한 실험과 위험부담 같은 것을 지원한다. 가족이 은유적인 표현을 계속했더라면 아버지의 알코올 중독의 체계적 결과가 노출, 인정 그리고 대화에서 증가되었을 것이라는 추측은 충분히 가능하다. 궁극적으로, 이러한 증가는 알코올 중독자 가족 체계 내에서 빈번히 변화의 장애물인 부인에 대항하는 것으로 작용한다.

제5장은 근친상간의 성 학대로 붕괴된 가족을 긍정적으로 재구성하는 데 효과적이었던 미술 과정의 치료 모형을 논의하였다. 이 장의 임상 예는 표현적인 의사소통(미술 과정으로 촉진된)이 행동과 체계적 변화를 강화하는 방법을 분명히 보여 준다. 근친상간 학대 피해자(딸과 엄마 모두)가 은유적 그리고 직접적으로 자신들의 이야기를 공유하고 이완함으로써, 그들은 점차 수치심, 굴욕 그리고

죄책감에서 자유로워졌다. 결과적으로, 학대가 발생했던 체계에 실제로 주요한 구조적 변화를 위한 제한을 설정하고, 그들의 욕구를 표현하는 능력에 권한을 부여하였다.

제6장 사례 자료는 미술 과정이 어떻게 중미 난민 가족의 활기를 되찾게 하였는지 그리고 동화 과정으로 진전할 수 있도록 그들의 개인사에서 강점을 찾을 수 있었는지를 입증하였다. 이 장의 저자들이 그렇게 절절하게 기술한 바와 같이, 미술 경험은 복합가족 미술치료 집단이 그들의 재정착 경험을 통합하는 기회를 제공하는 것 같았다. 미술 과정으로 풍부해진 그들의 자기표현과 미술 과정으로 촉진된 의사소통은, 난민들이 전쟁으로 피폐해진 과거와 현재의 도전 사이의 전환을 은유적으로 할 수 있게 하였다.

다섯 개 장 모두에서 미술 과정은 체계 변화를 위해 촉매제, 지지 또는 수단으로 제공되었다. 변화는 가족체계에 의해 경험된 각 사례에서의 세 단계의 복합적 결과였다. 세 단계는 풍부해진 개인적 자기표현, 더 진정한 대인 간 의사소통 그리고 처음 두 단계 없이는 결코 일어날 수 없었던 마지막 단계의 개인적 권한 부여이다. 이미지와 은유를 창조하는 힘에서, 미술 과정은 개인 및 대인 생활 속 깊은 패턴과 과정의 발생을 참작하게 한다.

종합

이 책 전반에서 논의된 가족은 엄청난 양의 갈등, 분열 그리고 고통을 경험하였다. 그들이 겪었던 고통의 유형과, 결과적으로 그들이 드러냈던 체계적인 방어는 심리치료 개입에 장애가 될 수 있다. 나는 이 책이 가족치료 개입에 미술 과정을 통합하는 것이 그

러한 방어적인 장애를 최소화할 수 있다는 것을 증명했다고 믿는
다. 미술 과정의 창조적이고 상징적인 힘은 자기표현, 진정한 대
화 그리고 역할 권한 부여 간의 상호관련성에 기반을 두고 있다.
이러한 상호관련성이 심리치료적인 성장에 이해되고 활용될 때,
가족 미술치료의 모든 잠재성을 이용할 수 있게 된다.

찾아보기

인명

Aron, A. 203

Bane, M. 76
Bass, E. 168, 169
Belnick, J. 41
Black, C. 111, 115, 117, 118, 128
Blakeslee, S. 76, 77
Bolton, F. G., Jr. 167
Brook, S. 75
Burgess, A. W. 166
Burns, R. 227

Callaghan, G. M. 111
Carnes, J. J. 67
Carozza, P. 166

Clements, C. 207
Cross, D. 165

Davis, L. 168
Deutsche, C. 111, 115
Driver, E. 168
Droisen, A. 168

El-Guebaly, N. 117
Ellman, B. 76
Erikson, E. 168

Finklehor, D. 168
Fishman, H. 81
Frelick, B. 201

내용

편저자 소개

Debra Linesch

캘리포니아주 로스앤젤레스 로욜라 메리마운트 대학교 부부 및 가족치료 대학원 조교수이다. 그의 저서로는 크게 호평을 받은 『청소년 미술치료 (Adolescent Art Therapy)』가 있다.

역자 소개

이영옥(Lee YoungOk)

한양대학교에서 가족·아동을 전공(이학박사)하였고 영남대학교에서 미술치료학(미술치료학박사)을 전공하였다. 18년간 미술치료전공 학생들을 교수하고 지도해 왔으며, 이와 더불어 다수의 연구논문을 발표하였다.
현재는 강동미술치료연구소 소장으로 상담/치료 및 개인분석과 다양한 임상장면의 미술치료 영역에서 활동하고 있으며, 수련감독임상미술심리전문상담사(SATR)로서 슈퍼바이저로 지도감독을 해 오고 있다.

주요 관심 분야: 아동/청소년 상담/치료 및 미술치료 전반. 특히 가족 미술치료에서 가족 체계, 부모 역할과 부모교육 및 부모상담

송민지(Song Minji)

동국대학교에서 미술치료를 전공(예술치료학 석사)하였으며, 숙명여자대학교에서 가족학(박사과정 수료)을 전공하였다.
현재 미술치료사(KATR)로서 가족상담 및 가족 미술치료를 하며 자살유가족상담 및 인터넷도박중독 분야에서 활동하고 있다.

주요 관심 분야: 가족 미술치료 분야

위기 가족 미술치료
- 비언어적 표현으로 저항 극복하기 -

ART THERAPY WITH FAMILIES IN CRISIS
- Overcoming Resistance Through Nonverbal Expression -

2021년 1월 5일 1판 1쇄 인쇄
2021년 1월 10일 1판 1쇄 발행

엮은이 • Debra Linesch
옮긴이 • 이영옥 · 송민지
펴낸이 • 김진환
펴낸곳 • ㈜ **학지사**

04031 서울특별시 마포구 양화로 15길 20 마인드월드빌딩
대표전화 • 02-330-5114   팩스 • 02-324-2345
등록번호 • 제313-2006-000265호

홈페이지 • http://www.hakjisa.co.kr
페이스북 • https://www.facebook.com/hakjisa

ISBN 978-89-997-2266-0 93180

정가 16,000원

출판 · 교육 · 미디어기업 학지사
간호보건의학출판 **학지사메디컬** www.hakjisamd.co.kr
심리검사연구소 **인싸이트** www.inpsyt.co.kr
학술논문서비스 **뉴논문** www.newnonmun.com
원격교육연수원 **카운피아** www.counpia.com